挂像英模 的故事

张思德的故事

冯化志／编著

团结出版社
UNITY PRESS

图书在版编目（CIP）数据

　　张思德的故事 / 冯化志编著. —— 北京：团结出版
社, 2021.9
　　ISBN 978-7-5126-8903-9

　　Ⅰ. ①张… Ⅱ. ①冯… Ⅲ. ①张思德（1915–1944）
—生平事迹—青少年读物 Ⅳ. ①K825.2–49

　　中国版本图书馆CIP数据核字（2021）第099263号

出　　版：团结出版社
　　　　　（北京市东城区东皇城根南街84号　邮编：100006）
电　　话：（010）65228880　65244790（出版社）
　　　　　（010）65238766　85113874　65133603（发行部）
　　　　　（010）65133603（邮购）
网　　址：http://www.tjpress.com
E-mail：zb65244790@163.com（出版社）
　　　　　fx65133603@163.com（发行部邮购）
经　　销：全国新华书店
印　　刷：天津兴湘印务有限公司

开　　本：670毫米×960毫米　16开
印　　张：8
字　　数：100千字
版　　次：2021年9月　第1版
印　　次：2021年9月　第1次印刷

书　　号：978-7-5126-8903-9
定　　价：29.80元

前　言

习近平总书记曾经多次强调，要把理想信念的火种、红色传统的基因一代代传下去，让革命事业薪火相传、血脉永续。

红色基因是我们党在长期奋斗中淬火成钢的精神品质和优良作风，是坚如磐石的理想信念、百折不挠的英雄气概、敢于胜利的革命风范。红色基因植根于先烈们用鲜血染红的泥土中，传承于英雄人物用行动谱写的事业中，与我们每一个人情感相连、命运相通，是我们最需要激活的精神密码。

激活红色基因，才能亮出民族精神的鲜红底色，唤起广大人民群众无坚不摧的红色能量。这其中最重要的是要把红色基因转化为看得见、摸得着、感受得到的人物事件，发挥激荡人心、凝魂聚气的强大作用。要让人们随时随地都能感受到红色基因的存在和传承，自觉升华精神境界、激扬价值理想。

让红色基因代代相传，就是要把红色火种播进一代代年轻人的心中，成为中华民族的集体记忆。要把红色基因植根爱国主义教育之中，讲好红色故事，补充红色营养，不断激发中华儿女的信仰伟力，凝聚起众志成城的磅礴力量。

为此，2018年，经中央军委批准，增加了"献身国防科技事业杰出科学家"林俊德、"逐梦海天的强军先锋"张超为全军挂像英模。自此，各个时期的中国人民解放军挂像英模共有10位，分别是张思德、董存瑞、黄继光、邱少云、雷锋、苏宁、李向群、杨业功、林俊德、张超。这10位挂像英模都有一个共同的特点，就是代表着共产党人的初心和使命，即为中国人民谋幸福，为中华民族谋复兴。

毛泽东主席曾在《为人民服务》的讲话中，对张思德给予了高度评价："张思德同志是为人民利益而死的，他的死是比泰山还要重的。"雷锋是位平凡而伟大的共产主义战士，他把有限的生命投入到了无限的为人民服务中去。毛泽东主席亲笔题词：向雷锋同志学习。

2018年新增加的两位挂像英模：林俊德年过七旬依然战斗在科研试验第一线，在去世前的二十多天里，他把病房当作战场，与死神争分夺秒，为国防科技事业奋斗到生命最后一息；张超作为舰载机飞行员，在模拟着舰训练时，面对突发故障，首先选择全力挽救战机，错过跳伞最佳时机而壮烈牺牲。两位英模的先进事迹感人至深、催人奋进，为广大官兵和社会各界所敬仰。

总之，一不怕苦，二不怕死，是革命军人的口号，更是军旗下的铮铮誓言。我军不同时期涌现的"十大英模"，是我军各个时期、各个阶段、各个岗位的不同杰出代表，是每一个中国军人和广大人民群众学习的榜样！铭记英雄，不辱使命！

因此，在有关部门和人士的指导下，特别编著了这套"最新挂像英模的故事"，采取讲故事的方式，图文并茂地集中展现了英模人物的成长与先进事迹，具有很强的教育性、可读性和启迪性，能够对包括青少年在内的广大人民群众起到加强革命传统教育的作用。

目　录

人物小档案

一、人物简介

姓名：张思德

性别：男

生卒年：1915年4月19日—1944年9月5日

籍贯：四川仪陇（lǒng）

主要事迹：

张思德出生在四川省仪陇县一个穷苦农民家庭。1933年12月参加红军，不久加入共青团。1937年10月，加入中国共产党。曾经担任中央警备团警备班长和毛主席的卫士。在一次反六路围攻战斗中，他右腿先后两次负伤仍强忍剧痛，冲入敌阵，缴获了敌人两挺机枪。在长征途中，他曾两度经过人迹罕至的雪山、草地，历尽千辛万苦。

1944年9月5日，张思德带领战士们在陕北安塞执行烧炭任务时，即将挖成的窑洞突然塌方，他奋力把战友推出洞去，自己却被埋在窑洞，牺牲时年仅29岁。

荣誉称号：

1944年9月8日，中央直属机关和中央警备团1000多人，在延安枣园沟口的操场上举行张思德追悼会。毛泽东亲自参加追悼会，献了花圈，亲笔题写"向为人民利益而牺牲的张思德同志致敬"的挽词，并发表悼念讲话，对张思德全心全意为人民服务的革命精神和境界给予了高度赞扬。

2009年9月10日，张思德被评为"100位为新中国成立作出突出贡献的英雄模范人物"之一。2018年9月，中央军委政治工作部统一印制张思德、董存瑞、黄继光、邱少云、雷锋、苏宁、李向群、杨业功、林俊德、张超10位挂像英模画像，并下发至全军连级以上单位。

二、人物性格

1. 勤劳能干

张思德6岁就下地干活，割草、挖野菜、拣蘑菇、采松果，什么都干。后来，张思德的父亲从外面回来，租种了地主范有万的几亩地。父子两人一边种田，一边利用空闲时间烧炭。

2. 聪明好学

烧炭需要技术，从选材到烧制全凭经验和感觉。张思德聪明好学，跟着父亲很快练就了烧炭的好手艺。因此，父子俩背炭到六合场乃至仪陇县城，都卖得快，卖得好。

3. 积极上进

张思德处处以父亲为榜样，在乡苏维埃成立大会上他就第一个报名要求参加红军。正式入伍前，张思德被选为乡少先队队长，带领全体队员保卫新生的红色政权，在乡苏维埃政府附近两处交通要道口站岗执勤，盘查过路可疑之人。

4. 认真负责

张思德工作认真负责，他带领少先队员机智勇敢地抓获了抗拒交粮的土豪，智擒三个转移财物的地主，查获了隐藏二百多块银圆、一百多两鸦片烟、贵重物品上百件的劣绅，还把一个逃亡的恶霸追捕归案，并从河里打捞起一批军阀杨森部溃逃时丢到河里的枪支、弹药，如数交给红军，受到红军和苏维埃政府的表扬。

5. 机智果断

有一次，少先队员们发现十余个形迹可疑之人。张思德断定是被苏区红军打垮的敌人，立即让20多名少先队员居高临下隐蔽起来。待大家准备好后，张思德果断地开了一枪，然后高声喊道："你们已被红军包围了，不投降是死路一条。"那十余个敌人真以为被红军包围，乖乖地举手托枪，耷拉着脑袋走了过来。

6. 学习刻苦

由于文化底子薄，张思德学习起来颇为吃力。但他特别珍惜来之不易的学习机会，创造一切条件，如饥似渴地学习文化。为了练字，从山上剥来树皮，小心翼翼地取出纤维层，底部抹上桐油，然后晾干，再用针线装订成一个又厚又重的大本子，用以学写毛笔字。

7. 英勇顽强

在嘉陵江战役中，张思德虽然年纪小，但是他英勇顽强，奋不顾身。战斗时右腿中弹，他却毫无惧色，全力冲进敌阵，同敌人拼杀在一起，击毙了敌军的射手，并且一个人缴获了两挺机枪。

8. 爱憎分明

原福州军区副司令员张显扬回忆："我是张思德的老班长，我当他的班长有近一年的时间，我们结下了深厚的战友情。张思德比我小不到一岁，个头不高，但身子挺结实。他出身贫苦，爱憎分明，对革命对同志有火一般的热情。"

9. 舍己为人

当初，张思德还没有入党，但他处处严格按照党员的标准要求自己，在"尝百草"的活动中，他总是抢在前头，见到一种草，首先尝一尝，找到一种能吃的草，就马上去告诉兄弟单位。

10. 不怕吃苦

草地行军本来就很艰难，再加上送信、传令，更加吃力。但他眼睛明亮，精神抖擞，工作整天忙碌不停。每当有上级的送信任务时，他总是立刻行动，在泥泞的草地里艰难跋涉，从不叫苦。

11. 谦虚谨慎

晚上，张思德发动全班战士讨论烧炭计划。张思德同志的虚心态度，激发了大家的热情。战士们你一言，我一语，各抒己见，讨论得十分热烈。

12. 耐心诚恳

对于大家政治上的进步，张思德同志非常关心。他见到同志的缺点和错误，总是诚恳地指出，耐心地帮助，可是他又不以教育者自居。

13. 平等待人

张思德非常懂得尊重别人。他平等地看待每个同志，同志有意见，他总是让人家把话说完，虚心考虑。因此，大家都愿意和张思德同志一起工作。

14. 艰苦朴素

张思德的棉衣已经穿破，烂得几乎没法拆补了。几次轮到他换棉衣，他执意不肯换，大家都劝他领一件新的。可是他说："不用领，我拆补一下，还可以再穿两年。"

15. 机警忠诚

张思德深知自己肩上的责任重大，他警惕性很高，在执勤的时候，严密注意周围情况。他的枪总是跟着人，人到哪里，枪到哪里，保证了每项警卫任务圆满完成。

苦难中长大的孩子

张思德6岁就下地干活。可是，家里仍然缺衣少食，吃了上顿没下顿。12岁时，养父又病故。随后，张思德被迫当童工，生活更加艰难……

1915年农历三月，正是草长莺飞的初春时节，在四川省仪陇县六合场雨台山韩家湾一个姓张的贫苦农民家庭里，响起了一声响亮的啼哭，一个小男孩来到了这个人间，母亲给这新生的孩子起名叫"思德"，希望孩子心中永远保留着良好的传统美德。

小思德的家乡仪陇也是朱德总司令的故乡。仪陇六合场坐落在磊巴山，四周群山环绕，绿竹成荫，风景秀丽。可是，那时候，苛捐杂税繁多，天灾不断，兵匪猖獗（jué），小思德一家人过得非常艰苦。

小思德一家人祖祖辈辈靠租佃（diàn）几亩薄田度日，受尽了地主的压榨和剥削。他的曾祖父名叫张经合，因为在韩家湾实在活不下去了，就跑到陕西的汉中谋生，最后活活累死在那里。

朱德（1886年12月1日—1976年7月6日），字玉阶，原名朱代珍，曾用名朱建德，伟大的马克思主义者，伟大的无产阶级革命家、政治家、军事家，中国人民解放军的主要缔造者之一，中华人民共和国的开国元勋，是以毛泽东同志为核心的党的第一代中央领导集体的重要成员。

　　小思德的父亲张行品虽没读过书，但聪明能干，忠厚勤劳，农闲时就帮人抬滑竿、担盐挑煤，挣几个铜板养家糊口，后来也被迫流落到他乡。张思德大哥从小拉犁干活，累得吐血，最后死在了地主田里；二哥生病无钱医治，最后也病死了。

　　小思德生下来的时候，家里穷得连一粒米也没有了。母亲重病在身，小思德饿得拼命呼喊，吮破了妈妈的奶头，也吸不出一滴奶水。

　　没办法，小思德的妈妈只好拖着重病的身子，走东家、串西家，要来一把半把谷米，捣碎熬成糊糊喂他。因而给他起了一个小名，叫"谷娃子"。

　　可怜的谷娃子不到7个月，妈妈就含泪去世了。去世前，妈妈紧紧拉着儿子的小手不放，非常担忧儿子是否能够活下来。

　　妈妈去世以后，小思德的叔父张行忠、婶母刘光友收养了他。养父家同样贫穷，连同小思德四口人，也靠租种地主田地和打短工、搞搬运为生。

张行忠因胎带耳疾，外号"三聋子"，虽终年勤劳苦作，仍难得温饱。养母刘光友温顺贤淑，豁达忠厚。她生下小女桂香才四个月，便又收养小思德，自己的奶汁难以喂养两个婴儿，只好抱着孩子出门，去讨"千家奶"喂养孩子。

小思德6岁就下地干活，割草、挖野菜、拣蘑菇、采松果，什么都干。可是，家里仍然缺衣少食，吃了上顿没下顿。12岁的时候，养父又病故。随后，小思德被地主逼迫到亲戚高华堂家当童工，养母靠打短工度日，生活更加艰难。

正如养母教孩子们的那首民歌所唱："苦竹叶，一头尖，咱穷人苦到哪一天！"母子三人相依为命。

后来，小思德的父亲从外面回来，租种了地主范有万的几亩地。父子两人一边种田，一边利用空闲时间烧炭。六合场地处大巴山腹地，每到冬季，天气寒冷不亚于北方，当地人取暖多靠木炭。

当地木炭的烧制与陕北那种用砖窑的烧制方法略有不同。当地群众进山后，一般将荆棘（jí）、树条或碗口粗的树砍下来，就近挖一深坑，慢慢焚烧，待烧过的柴火燃过一大半，略有七成左右时，用水浇灭，冷却晒干后即为木炭。大巴山区俗称此为"火石"或"窑灰"。

烧炭需要技术，从选材到烧制全凭经验和感觉。小思德聪明好学，跟着父亲很快练就了烧炭的好手艺。因此，父子俩背炭到六合场乃至仪陇县

> **大巴山** 位于中国西部，是中国陕西、四川、湖北三省交界地区山地的总称。东西绵延500多千米，故称千里巴山，简称巴山。

城，都卖得快，卖得好。

而他们烧炭的艰辛却少有人知。因为就近方便的山林田产早被那些有钱有势的大户人家圈占了，小思德父子俩必须深入到深山老林中，寻找名为"公地"的地方才能取柴烧炭。

仪陇县是四川的贫困县，境内全是山地，特别缺水。他们进山烧炭，浇灭火石所用的水都是从山下背上来的，一桶水背在身上要吭哧吭哧地赶几十里甚至上百里的山路。

小思德与父亲烧制的木炭在当地有不小的名气，可也给他们引来了一场灾难。地主范有万诬陷他们不交税，私自进山砍伐他人山林，将他们关进了乡公所。等他们被保出来后，家里值钱的东西已经全部被地主范有万骗去了。

不仅如此，父子俩辛辛苦苦整整干了一年，等到谷子上场的时候，地主范有万的狗腿子拿着大斗来收租，一五一十量了个够，交完租子就剩下两斗不满的粮食。这还不行，地主范有万还要收回租种的地。

背二哥 又称背老二，是以背运东西为生的人。在交通闭塞的年代，大巴山的条条山路上遍布背二哥的身影。所用工具为喇叭形背篼一个、绳架一副、丁字拐杖一个。走累了，便用丁字拐杖置于背筐下支撑休息片刻。如果背运是集体行动，领头的背二哥要呼吼节奏感强的号子，好统一众人的行动步伐。

小思德的父亲跟地主讲理，说："不是讲好了，一租三年吗？我们把田种肥了，又想收回！"

地主范有万说："不收也行，明年加一成租子。"

地主的心多狠啊！父亲没办法，带着全家离开了韩家湾，替人背力、挑担、打短工，当起了"巴山背二哥"。

可是，旧社会天下乌鸦一般黑，有钱人都是一样黑心肝，穷人哪有活路啊！小思德那时虽然人小，也恨不得把地主这些吃人的恶魔统统砍死，把暗无天日的旧世界推翻。

旧社会 是相对于"新社会"而言，一般指1949年以前半殖民地和半封建社会性质的中国社会。旧社会是反动、压迫、黑暗、剥削、丑陋、愚昧、灾难、恐怖、不义的；新社会是进步、解放、光明、福利、美好、文明、幸福、和平、正义的。

感 悟

小思德出生在旧社会，生下来的时候，家里穷得连一粒米也没有。一家人拼命干活，也吃不饱饭。我们出生在新中国改革开放的时代，从小吃得饱穿得暖。因此，我们要感恩新社会，好好学习，长大成为建设祖国的栋梁。我们要珍惜美好的现实，用自己的勤劳和智慧，创造更加幸福的生活，为中华复兴、实现中国梦而努力奋斗。

跟随父亲走上革命路

父亲的革命行动，深深影响了张思德。他兴致勃勃地邀约几个穷小伙子去几十里外的立山场把红军接到六合场参加乡苏维埃成立大会……

红四方面军 是以鄂豫皖苏区部队为主力组成，于1931年11月在湖北黄安七里坪成立。总指挥徐向前，下辖红四军和红二十五军。1932年10月，迫于国民党的强大压力，红四方面军决定放弃鄂豫皖苏区，转战西进，来到了张思德的故乡。

工农革命政权 属于红色政权，革命政权，是由无产阶级领导建立的政权。在中国共产党历史上，革命政权称为"红色政权"，农民武装称为"红军"，革命根据地称为"红区"或"苏区"。

在苦难中生活的小思德一家人，终于盼来了革命的红军队伍。1932年12月，中国工农红军第四方面军主力部队到达川北通江县河口场，建立了川陕边界第一个工农革命政权，开始了创建川陕革命根据地的艰苦斗争。

1932年12月下旬，红军经过浴血奋战占领了通江、南江、巴中三座县城及大部分地区，并在这些地区层层建立了苏维埃政权，为红四方面军在川陕根据地站稳脚跟打开了局面。

这时，社会上到处流传

着"红军专门杀富济贫,打土豪分田地,为穷人打天下"的消息。小思德的父亲张行品听到消息,非常激动,连忙步行到巴中等地打听红军消息,所见所闻令他深受鼓舞。

不久,张行品受红军干部的派遣,回乡召集一些佃户秘密开会,宣传革命思想,把带回的宣传标语四处张贴,组织穷人们进行抗捐抗税斗争,准备迎接红军的到来。反动地主武装头目宁相奇对他恨之入骨,多次缉捕他。张行品被迫躲进山里。

1933年2月,中共川陕省第一次党员代表大会和川陕省第一次工农兵代表大会相继召开,组建了中共川陕省委,并按照《中华苏维埃宪法大纲》的原则,起草和通过了《川陕省苏维埃临时组织法》,成立了川陕省苏维埃政府,宣告了川陕革命根据地的正式建立。

1933年2月12日,四川军阀田颂尧奉蒋介石之命以38个团近6万兵力组成左、中、右三个纵队,分三路围攻红军,妄图把川陕革命根据地扼杀于摇篮中。

1933年5月,红四方面军在空山坝大捷中彻底粉碎了蒋介石派遣的四川军阀田颂尧发动的三路围攻,攻占了长赤、广元、仪阆(làng)、苍溪、江口、万源等七个县,并建立了苏维埃政权,使根据地面积扩大了一倍。

红军在粉碎四川军阀对刚建立的根据地的"三路围攻"后,及时发动了"仪(陇)、南(部)""营(山)、渠(县)""宣(汉)、达(县)"三大进攻战役。

1933年7月,许世友率领红九军解放了仪陇城。几天后,红军下乡,小思德的父亲张行品与朱德总司令的弟弟共同为红军带路,打探敌情,运送弹药物资,挨家挨户宣传红军政策,配合红军抓捕恶霸地主,

许世友 （1905年2月28日—1985年10月22日），原名许仕友，字汉禹，出生于湖北麻城许家洼。他善于学习和运用毛泽东思想，积累了丰富作战经验，指挥过一系列重要战役、战斗，组织过大兵团作战，表现出卓越的军事才能，是我军从战士逐级成长起来的难得的优秀军事指挥员之一。1955年，许世友被授予中国人民解放军上将军衔，荣获一级八一勋章、一级独立自由勋章、一级解放勋章。并担任中国人民解放军副总参谋长、南京军区司令员、广州军区司令员、国防部副部长，以及中共中央军委常委等职。

表现出了很高的革命觉悟。

1933年8月12日至28日，已在川陕苏区站稳脚跟的红四方面军为了解决根据地的盐荒，一举发起"仪陇、南部"战役，在仅仅半年的时间里，歼敌3000余人，缴枪4000多支，仪陇全境解放。

红军来了巴山亮，穷人翻身喜洋洋。随着仪陇全境的解放，该县各级苏维埃政权也顺利地建立了起来。

张行品的革命行动，深深影响了儿子小思德。这年10月4日，17岁的小思德兴致勃勃地邀约几个穷小伙子去30里外的立山场把红军接到六合场参加乡苏维埃成立大会。

在苏维埃政府成立大会上，张行品被推选为韩家湾村内务委员兼土地委员。张行品办事公道，严于律己，无微不至地关心贫苦人的生活，体现了对革命的无比忠诚。

川陕苏区建立后不久，四川"剿匪总司令"刘湘就调集20万兵力分六路围攻根据地，地主反动武装"还乡团"活动频繁，抢劫、绑架、暗杀等恐怖活动经常发生，韩家湾村就有几个革命积极分子被敌人抓去后残酷杀害。

但是，张行品不为所惧，他说："在反动派欺压下，我家死了三口人。为了革命的胜利，搭上我这条命也值得。"

反动派的嚣张气焰，更激发了张行品的革命斗志，工作更加积极。作为内务委员的他，主要负责保卫红色政权工作。

张行品不分白天黑夜地做群众工作，组建了村少先队、童子团，在不到半个月的时间里，就动员了近百名青年参加红军和赤卫队。他还募集了大量的粮、棉、布等军需物资，组织民工翻山越岭送到长胜、巴中等地支援前线部队，每次均提前超额完成任务，受到了红九军十五团政治处的表彰。

小思德处处以父亲为榜样，在乡苏维埃成立大会上他就第一个报名要求参加红军。正式入伍前，小思德被选为乡少先队队长，带领全体

队员保卫新生的红色政权，在乡苏维埃政府附近两处交通要道口站岗执勤，盘查过路可疑之人。

小思德工作认真负责，他带领少先队员机智勇敢地抓获了抗拒交粮的土豪，智擒三个转移财物的地主，查获了隐藏二百多块银圆、一百多两鸦片烟、贵重物品上百件的劣绅，还把一个逃亡的恶霸追捕归案，并从河里打捞起一批军阀杨森部溃逃时丢到河里的枪支、弹药，如数交给红军，受到红军和苏维埃政府的表扬。

有一次，小思德带着少先队员到各村去做宣传鼓动工作，当他们行至与阆中交界的仙耳岩时，天已擦黑，因这里是一个较大的山弯，少先队员们虽发现距他们百余米处有10余个形迹可疑之人，但具体装束及是否带武器一时未能看真切。

小思德断定是被苏区红军打垮的敌人，于是他学着红军教会的战斗方法，立即让20多名少先队员居高临下隐蔽起来，大家做好了战斗准备。

待大家准备好后，小思德果断地开了一枪，然后高声喊道："你们已被红军包围了，不投降是死路一条。"

那十余个敌人真以为被红军包围，乖乖地举手托枪，耷拉着脑袋走了过来。小思德忙让少先队员从山上割来一把葛藤，将这些人结结实实地捆起来，然后押到了红九军某部。

清点战果，小思德率少先队员共俘虏了15名敌人、缴枪13支、子弹50发、手榴弹20枚。而小思德和他的少先队所使用的武器，除了5支长枪外，全部是大刀、梭镖（biāo）。为此，恩阳县苏维埃政府主席还特地将小思德他们接到恩阳，举行了隆重的表彰大会。

这期间，为了打破军阀围攻，根据地军民奋起反击。小思德终于被批准参加红军，他梦寐以求的夙愿终于实现了。

1933年10月，张行品将未满18岁的小思德送到了部队，嘱咐儿子要多杀敌人，为保卫苏维埃政权再立新功。

小思德牢记父亲的嘱咐，他参加红军不久，多次机智勇敢准确地侦察敌情，为指挥员提供组织进攻的依据，从而使川北灵岗寨、仁和寨等战斗能很快取得胜利。

小思德还不顾长途跋涉和艰险，传送红军和地方党组织的重要军事密件，使红军能先发制人，速战速决，歼灭了褒城、勉县之敌。他在战斗中浑身是胆，会打双枪，被战友们亲切地誉为"小老虎"。

在攻打关门梁的战斗中，他参加尖刀班，冒着枪林弹雨和战友搭成人梯攀上寨顶，炸开寨门，为部队打开了通路。接着，他又带领六个战友，扼守一个山包，粉碎了敌军两个排的多次进攻。

在另一次战斗中，他冒着枪林弹雨，跑进深谷，攀崖绕行，插入敌后，在接近敌阵时，扔出手榴弹炸死了敌人，趁着浓烟扑上高坡，夺来一挺机枪。然后，他端起机枪，向另外一群敌人猛烈扫射，又夺一挺机枪，接着高呼一声：冲啊！战友们一齐冲上去，歼灭了敌人。战斗中，小思德虽负了伤，却满脸笑容。

在又一次战斗中，他迎着浓烟烈火，持续与敌人战斗。子弹打光了，敌人扑上来，他就用手榴弹炸死敌人。后面敌人又上来了，他在田坎上同敌人白刃格斗。一个敌人举枪向他刺来，他猛挥大刀，将枪拨开，一脚把敌人踢倒在水田里，将敌人砍死。

接着，又有两个敌人向他扑过来，他用脚猛击田水，使敌人的头上溅满了水，两眼被迷住，当敌人急着摇头擦眼时，他用全力扑上去，举起大刀，把他们劈死了。

这时，飞来一颗子弹，打伤他的右臂，连长叫他退出火线，他倔强地说："不，只要还有一口气，我就要战斗！"

1934年2月底的一天，敌人的一个骡马运输队要经过这里，小思德和战友获悉情报后，化装成敌军官兵，在镇上猪市坝摆好十多桌酒席，去"请"他们。

敌人共120余人，经长途远行，又累又饿，好多天没见油荤了，见有长官来请，个个眉开眼笑。他们把骡子赶到猪市坝，拴在树上，枪也架在地上，一股脑儿都扑到酒肉喷香的桌上，不顾三七二十一地狼吞虎咽吃起来。

小思德和战友们假意殷勤地劝酒、聊天。待至敌人酒醉神迷，小思德才站到高处，告诉他们这酒席是谁办的。当得知眼前的人都是红军时，敌人吓呆了，再一看枪早被拿走了，就这样一个100多人的运输队

的武装被解除了。

小思德和战友们将缴获的100多匹骡马和粮食、棉衣、武器、弹药等物资悉数上交，受到了上级的表彰。

小思德正是凭着这样优异的表现，被选送入川陕省恩阳县列宁模范学校学习。恩阳是川北有名的古镇，是连接川陕的重要通道，发源于秦巴山地间的恩阳河从镇外流过。

整个小镇依山傍水而建。站在高高的石阶上极目远眺，只见方圆数里，青砖碧瓦，层层叠叠；空枋逗榫（sǔn），鳞次栉比；飞檐翘角，兀立苍穹。整个镇的屋顶群，似一枚硕大的墨玉，银灰中泛着青绿，水泼墨洒般地延伸远去，与远处的莽（mǎng）莽苍山浑然化成一体。

1933年7月，红军在此开办了列宁模范学校，先后从各区挑选了二百余名优秀青少年到学校读书，张思德、朱玉山等一批红军名人将领，曾就读此校。

由于文化底子薄，小思德学习起来颇为吃力。但他特别珍惜来之不易的学习机会，创造一切条件，如饥似渴地学习文化知识。

小思德为了练字，从山上剥来树皮，小心翼翼地取出纤维层，底部抹上桐油，然后晾干，再用针线装订成一个又厚又重的大本子，用以学写毛笔字。

小思德这种创造条件学习

延安时期 指的是中共中央在陕北的13年，具体指1935年10月19日，中共中央随中央红军长征到达陕北吴起镇，落户"陕北"，到1948年3月23日，毛泽东、周恩来、任弼时在陕北吴堡县东渡黄河，迎接革命胜利的曙光这近13年时间。延安，简称"延"，位于陕西省北部，是全国爱国主义、革命传统和延安精神三大教育基地。

文化知识的精神，在延安时期又得到发扬光大。他的生前战友陈耀曾回忆，他就是靠用张思德班长送给自己的桦树皮本子、半支铅笔、一支木笔摘掉文盲帽子的。

小思德的文化基础，正是在这所恩阳县列宁模范学校打下的。仅仅半年，刻苦用功的小思德就以合格的成绩从列宁模范学校结业了。毕业后被调到省军区指挥部的政治部当交通员，不久加入共青团。

张思德小小年纪就有极高的思想觉悟，他处处以父亲为榜样，积极参加革命，作战机智勇敢，因此多次赢得表彰，并得到了学校学习的机会。

相比张思德，我们现在上学容易多了，因此更要像他那样，努力学习文化知识，提高自己的思想水平，将来做一个对社会有用的人。

开始踏上漫漫征程

为了接应中央红军，打破国民党军的"会剿"，红四军决定放弃川陕苏区，西渡嘉陵江。在嘉陵江战役中，张思德虽然年纪小，但是他英勇顽强……

1934年夏，红四方面军反六路围攻进入了关键阶段。红军确定青龙观为东线反击的突破点。张思德所在的红九军作为第一梯队，担任突破任务。

战斗打响后，红军很快突破青龙观并向敌纵深楔（xiē）入。红九军攻占了青龙观以东的清花溪、田家坝，一举击溃敌第五旅。

正是在田家坝的战斗中，张思德负了伤。经过数月的治疗，张思德痊愈归队，并随部队进驻旺苍坝。在这里，他见到了改变他人生轨迹的重要人物，时任红九军政委的陈海松。

陈海松是湖北大悟人，他参加过黄麻起义，是当时红四方面军最年轻的军职干部之一。在宣达战役

黄麻起义 土地革命战争时期，中国共产党领导湖北省黄安、麻城两县农民举行的武装起义。黄麻起义是继中国共产党领导的南昌起义和秋收起义之后，在长江以北地区首次举行的规模最大的农民武装起义，打响了鄂豫皖地区武装反抗国民党右派的第一枪，成立了黄安农民政府，组建了工农革命军鄂东军，奠定了鄂豫皖革命根据地的初始基础，也是川陕革命根据地的历史起点。

中，陈海松大腿被击中，光荣负伤。张思德和陈海松是在后方医院养伤时，彼此熟悉的。他们一个是红军高级指挥员，一个是普通战士，但年龄却相差无几。

在养伤期间，陈海松经常鼓励红九军负伤的战士，一定要坚强乐观。张思德深受鼓舞和教育。当张思德伤病好转时，他就帮助陈海松洗衣服、换绷带，搀扶他到户外活动锻炼。

张思德先伤愈归队。红四方面军大部搬到旺苍后，刚刚升任红九军政委的陈海松，伤还没有痊愈，仍旧拄着拐，走起路来一瘸一拐的。

张思德虽然归队，但是仍然惦念着陈海松的伤情，他利用闲暇时间，找来一些软布条，扯来葛藤，加上细麻绳、干草，精心为陈海松打了两双草鞋。

在旺苍，陈海松见到张思德时，高兴地说："你也到这里来了……"张思德忙把带在身上的这两双草鞋送给他，陈政委久久地端详着这两双带着战友深情的草鞋，在后方医院的一幕幕场景又浮现在他的眼前。

恰巧，红四方面军总部警卫团要在各部选拔一些优秀战士做警卫工作，陈海松就将张思德推荐了上去。

张显扬 四川省通江县人，1915年出生，曾任朱德的警卫班班长。1961年晋升少将军衔，荣获三级八一勋章、三级独立自由勋章、二级解放勋章和中国人民解放军一级红星功勋荣誉章。

张思德被分配到红四方面军警卫团一营一连一排一班。据时任张思德所在的一班的班长，原福州军区副司令员张显扬回忆："我是张思德的老班长，我当他的班长有近一年的时间，我们结下了深厚的战友情。张思德比我小不到一岁，个头不高，但身子挺结实。他出身贫苦，爱憎分明，对革命对同志有火一般的热情。"

1934年末，红四方面军结束了川陕苏区的反六路围攻战役。然而，经过10个月的战斗，苏区已面目全非，到处是荒芜的土地、逃荒的人群、废弃的盐井，人力、物力、财力都损失极大，伤寒、痢疾到处流行，满眼都是一片破败。

在这样的情况下，十万红军如何生存，如何再应对国民党的下一次"会剿"，成了必须面对的问题。

此时，红四方面军有两条路可走：一条是南下川南，那里人烟稠密，经济富庶。但敌军力量也较强，立足不易。另一条是北上陕甘，那里国民党军力量较弱，但经济较差。相对而言，向北的方案更加现实一些。因此，红军制订了北上建立陕甘苏区的计划。

就在此时，中共中央和中央红军不断来电，要求红四方面军派出部队南进，以策应中央红军北渡金沙江。

能与中央红军会师，对于独立苦战七八年的红四方面军来说，是一件大喜事。经过仔细研究，为接应中央红军，为打破国民党军的"会剿"，红四方面军决定放弃川陕苏区，西渡嘉陵江，策应中央红军北上。

嘉陵江是四川四大江河之一，发源于陕西凤县的嘉陵谷，流经陕南和川北，向南注入长江。沿途多是崇山峻岭、悬崖峭

中央红军 即中国工农红军第一方面军，简称红一方面军，是土地革命战争时期，中国共产党领导的中国工农红军主力之一。朱德任总司令，彭德怀任副总司令，毛泽东、周恩来先后任总政委。曾在江西中央苏区粉碎国民党军四次"围剿"。抗日战争爆发后改编为八路军一一五师。

壁，江宽水急，十分险峻。

沿嘉陵江西岸国民党布置了川军邓锡侯、田颂尧部共53个团，防线长达600余里，凭险固守，企图将红军堵在嘉陵江东岸。为了顺利渡江，红四方面军在战前作了充分的准备。

1935年3月28日夜，红四方面军强渡嘉陵江战役开始。嘉陵江战役历时24天，共歼国民党军12个团约1万人，攻克县城8座，控制了东起嘉陵江、西迄北川、南起梓潼、北抵川甘边界纵横100余公里的广大新区，为红四方面军向川甘边区发展创造了有利条件，并从战略上配合了中央红军的行动。

在嘉陵江战役中，张思德虽然年纪小，但是他英勇顽强，奋不顾身。战斗时右腿中弹，他却毫无惧色，全力冲进敌阵，同敌人拼杀在一起，击毙了敌军的射手，并且一个人缴获了两挺机枪。

战役期间，有一次，张思德外出执行任务，路上遇见敌军疯狂追赶我一个十四五岁的小战士。他猛冲上前将敌击毙，救出了这个小战士。他的英勇事迹在军中广为传扬。

1935年6月，红一、四方面军在川西懋（mào）功地区胜利会师。张思德闻讯后分外高兴，他和战友们一起，准备了毛巾、毛袜等礼物，赠送给红一方面军的战友们。

在中央红军和红四方面军的驻地，到处是互相学习、互相帮助的感人场面，到处飘荡着《两大主力会师歌》的歌声。两军会师后，红军力量大增，士气高昂。

党中央派慰问团到红四方面军进行慰问，宣传遵义会议和党中央的正确决定。张思德等红四方面军战士坚决拥护党中央的正确领导，对革命的前途更加充满了信心。

不久，红四方面军来到了丹巴黑水河边，河虽不很宽，但两岸都是悬崖峭壁。水流湍急，河水撞击着河中的礁石，激起阵阵浪花。河上没有桥，只有一根高悬在两岸间的溜索。

细长的溜索似乎好久没有人用过了，站在河边的战士们不免有些担心。这时，炊事班的老班长放下行军担子说："我去试试看！"

还没等他伸手，张思德已用树枝勾来了溜索上的竹筒，坚定地说："我先过！"

老班长拉住他说："不行，你伤刚好。"不久前张思德的右腿第二次负伤，一个多月前才归队。

"我过！我过！"岸边的战士们也纷纷抢上前来。

张思德伸开双臂拦住大家说："争啥子呀，我们都要过去的嘛！"说毕，转身便跨到竹筒垂下的绳结上，随即滑了出去。

溜索在空中抖动，岸边的战友们都提心吊胆地盯着他，希望他快些滑到对岸。可是，张思德却慢慢地一段一段地检查溜索。到了河心上空，他竟用力摇晃那溜索。战友们都为他惊叫起来。

身临险境的张思德却毫不在乎，为了给部队开辟通途，他已忘掉一切，一步一步地沿溜索前滑。张思德终于顺利地到达对岸。

"同志们，可以过啊！"张思德向战友们大声呼喊，河边的战士们欢跳起来。

感 悟

张思德虽然年纪小，但是他英勇顽强，奋不顾身。在嘉陵江战役中，他右腿中弹，却毫无惧色，全力冲进敌阵，同敌人拼杀在一起；在丹巴黑水河上，他为了给部队开辟通途，身临险境却毫不在乎，一段一段地检查溜索。

在日常生活中，我们虽然并不提倡随意冒险，但是却要学习张思德那种英勇无畏的精神，要对艰难困苦进行挑战，这样我们才会获得胜利。

九死一生过草地

部队进入草地后，由于环境、气候非常恶劣，使得草地行军十分艰难。但是张思德和战友们不畏艰难，奋力跋涉，希望早日走出大草地……

多少年来，朱德与张思德家乡的人民总是自豪地说："在解放军中，我们仪陇出了两个最著名的人物，一个是最大的官朱德总司令，一个是最小的官张思德班长。"而更为难得的是，他们在长征中还有着精彩的相聚和颇为传奇的故事。

1935年6月，红一、红四方面军在懋功会师。8月，红一、红四方面军混合编成右路军和左路军过草地。左路军由朱德、张国焘、刘伯承率领。张思德所在班的班长张显扬与另外一些骨干，正是在这时候被红四方面军抽调给朱总司令担任警卫工作。

还是在川陕革命根据地时，张

刘伯承（1892年12月4日—1986年10月7日），原名刘明昭，曾用名刘伯坚，四川省开县人。中国共产党优秀党员，中华人民共和国元帅，中国人民解放军缔造者之一，伟大的无产阶级革命家、军事家、马克思主义军事理论家、军事教育家。为中华民族和中国人民的解放事业建立了不朽功勋，为我国的国防建设和社会主义建设事业作出了杰出贡献，对我军向正规化、现代化迈进作出了卓越的贡献。

思德就从随处可见的石刻标语"我们的红军总司令朱德也是仪陇人"得知了朱总司令是自己的老乡,他为此很感自豪。自从班长张显扬被派到朱总司令身边工作后,张思德多次找过张显扬,一则汇报班里工作,二则聊聊分别后战友的思念之情。

有一次,张思德跑去找张显扬时,恰逢张显扬不在。他正欲离去,朱总司令却叫住了他。第一次见到这么大的首长,张思德显得很紧张。朱总司令笑吟吟地问:"你是不是找你的班长张显扬啊?"

张思德忙不迭地应道:"是,首长……我找班长……"

不料朱总司令拍拍他的肩膀说:"我知道了,你是我的小老乡,也是仪陇人,对不对?"

不待张思德回答,朱总司令又说:"我是马鞍场的,你是六合场的。"

听了这话,张思德心里一阵感动,他没想到朱总司令对自己的情况早已有所了解。接着,朱总司令又说:"听说你作战很勇敢,负过几次伤,在反六路围攻中还缴获了敌人的两挺机枪。小老乡,好好干,要为家乡人民多争光。"张思德听后心里暖暖的。

不久,张思德因表现突出,升为红四方面军总部通信班班长。这期间,他经常在首长间送信、传令,有了更多机会接触朱总司令。

部队进入草地后,由于环境、气候非常恶劣,使得草地行军十分艰难。草地位于青藏高原与四川盆地的过渡地带,纵长500余里,横宽300余里,海拔在3500米以上。

草地,其实就是高原湿地,为泥质沼泽。它的形成原因很多,黑河和白河自南至北纵贯其间,起了重要作用。两河的河道迂回曲折,汊河横生,地势低洼,水流淤滞而成沼泽。经年水草,盘根错节,结络成片，覆盖潴（zhū）水。

沼泽生长的植被主要是藏嵩草、乌拉苔、海韭菜等，形成草甸。草甸之下，积水淤黑，泥泞不堪，浅处没膝，深处没顶。远远望去，似一片灰绿色海洋。不见山丘，不见树木，鸟兽绝迹，人烟荒芜。没有村寨，没有道路，东西南北，茫茫无限。

人和骡马在草地上行走，必须要脚踏草丛根部，沿着草甸前进。如果不慎陷入泥潭，无人相救，会愈陷愈深，乃至没顶。草地区域气候恶劣，晴空迷雾变幻莫测。

每年的5月至9月为草地雨季，使本已滞水泥泞的沼泽，更成漫漫泽国。红军正是在这个季节经过草地的。草地里水草纵横，风雨无常，泥泞潮湿，行军极端艰苦。

张思德和战友们不畏艰难，奋力跋涉，希望早日走出大草地。可就在这时，红四方面军主要领导人张国焘却大搞分裂活动，拒绝执行中央北上方针，命令部队掉头南下。

张思德等红四方面军战士眼看中央红军单独北上，心中产生了疑团：为什么两军会合后又各自分开行动呢？当时，张思德等普通战士并不了解中央领导内部发生了严重分歧。

由于张国焘的战略方针的错误，南下红军不得不同以逸待劳的优势敌人展开激战，使部队元气大伤。

张思德在战斗中又一次负伤，身体更加消瘦。张国焘的分裂活动受到了历史的惩罚，南下失败后不得不重新北上。

1936年7月初，红二、红六军团长征到达甘孜，同红四方面军会师。红二、红六军团是1934年10月因策应红一方面军从江西革命根据地大举西征而由川东酉阳出发，向湖南进军的，后在湘鄂边连战皆捷，牵制了大量湘军，打垮了蒋介石围追红一方面军的战略部署，为红一、红四方面军会师做出了应有贡献。

1935年11月，红二、红六军团由大庸、桑植间突围，经湘中、湘西，横贯贵州、云南，渡金沙江入西康到甘孜与红四方面军会合，共计历时7个月零10天，行程1万余里，取得了长征入康的胜利。

经历了与红一方面军分离的痛苦后，红四方面军官兵更感到与红二、红六军团会合的珍贵。为了迎接兄弟部队的到来，红四方面军各部队积极展开了迎接红二、红六军团的政治动员和赶制慰问品等活动，如捻毛线，织毛衣、毛裤，缝制皮衣等。

战士们以最大的热情迎接自己的战友，筹集了粮食、牛羊，腾出了干净的房子，准备好柴火，烧好了开水，为红二、红六军团准备好驻地。张思德积极地参与其中，盼望着早点遇到战友们。

1936年7月1日，红二、红六军团齐集甘孜。甘孜城内外，到处洋溢着会师的歌声、笑声。张思德拉着战友们的手，眼里闪耀着兴奋的泪花，和战友们一起唱起了会师歌：

> 看，战胜了一切！
> 听，震动了全国！
> 英勇弟兄们，伟大的会合。
> 欢迎二、六军团，高举红旗向前进。
> 一定要胜利，杀敌齐努力。
> 团结抗日反蒋的力量，推动中华民族的解放。
> 迎接革命高潮的到来，大踏步向前进，赤化全西北！
> 要艰苦的奋斗，要钢铁的团结，赤化全西北，创造根

据地。

为全国的胜利，为民族的解放，团结和一致，奋勇和坚决。

横扫湘鄂川黔滇的二、六军团，纵横无敌的弟兄们，抗日反蒋主力是我们，齐团结，齐奋进，胜利归我们！

7月2日，红四方面军和红二、红六军团在甘孜县城城郊举行了会师大会。朱德总司令和任弼时等首长在讲话中传达了党中央、毛泽东和中央红军已胜利到达陕北的消息，传达了红二、红六军团与红四方面军共同北上，会合党中央和中央红军的决定。

会场上顿时响起了热烈的欢呼声。张思德和战友们回想起一年前和中央红军会师的热烈情景和南下途中那段艰难的岁月，如今饱尝分裂之苦的红四方面军战友们又要重新回到党中央的怀抱，怎能不令人万分激动呢！

7月5日，中央军委颁布命令：决定以红二军团、红六军团和红三十二军组成红二方面军。

任弼时 （1904年4月—1950年10月），原名任培国，湖南汨罗人。伟大的马克思主义者，杰出的无产阶级革命家、政治家、组织家，中国共产党和中国人民解放军的卓越领导人，以毛泽东同志为核心的中国共产党第一代领导集体的重要成员。曾任中共第七届中央政治局委员、中央书记处书记。他16岁参加革命，46岁英年早逝。他30年的革命生涯，同中国共产党的建立、发展、壮大，同中国新民主主义革命胜利的全部历史紧密地联系在一起。他为中国人民的解放事业和新中国的诞生贡献出了自己的一切，受到全党、全军、全国人民的敬仰和爱戴。

根据红军总部电令，红二、红四方面军均以松潘、包座为目标，分左、中、右三个纵队北上。

7月上旬，红二、红四方面军开始北上进入大草地。茫茫草地，一望无际，遍地是水草沼泽泥潭，根本没有路。人和马必须踏着草甸走，从一个草甸跨到另一个草甸跳跃前进。或者挂着棍子探深浅，几个人搀扶着走。这样，一天下来，精疲力竭。

过草地有三怕：一怕没踩着草甸陷进泥沼，二怕下雨，三怕过河。泥沼一般很深，如果拼命往上挣扎，会越陷越深，来不及抢救就会被污泥吞噬。

开始的时候，张思德和战友们往往是一个人陷进去后，另一个人伸手去拉，用力过猛也会被带着陷进去。后来有了经验才知道，要慢慢移动身子才能上得来，或者将绑腿缠在被陷进同志的腰间才能拉得上来。

有一次，通信营一排的战士小李不幸陷入泥沼，拼命向上挣扎，眼里淌着泪痛苦地向战友们喊着："救救我，快救救我呀！"

有的战士伸手去拉，也险些被陷进去，眼看着泥沼从小李的大腿没到胸部，战友们很着急却束手无策。

这时，张思德着急地对战友杜泽洲说："我有办法，我趴在泥沼上，你踩在我身上，拉小李的左手，另外两人也像咱们一样拉他的右手，试试看。"说完，他便毫不犹豫地爬在泥沼上。

杜泽洲不忍心踩在他身上，立在那儿没动，张思德急着冲他喊道："快上呀，否则他会没命的！"

看着张思德那急切的目光，杜泽洲抬起了脚……在另外两名战士的协助下，奄奄一息的小李终于得救了。大家都为张思德奋不顾身救战友的精神所感动，并称赞他善于动脑筋。

草甸本来就难走，天下着雨，脚底下更软、更滑，稍有不慎就摔倒，掉进泥沼里去。草地上有不少河，有的水浅好过一点，有的河宽流急很难过，如果遇着下雨更难过了。战士们身体虚弱，挨冻受饿，禁不住冰冷的河水刺激。几乎每过一条河，即使是一米深的小河，都有战士倒下。

当时，张思德在红四方面军通信营任通讯班班长。因他在战斗中多次负伤，两颊深陷，面容憔悴，两只脚被腐臭的泥水泡得红肿，身体非常虚弱。

草地行军本来就很艰难，再加上送信、传令，更加吃力。但他眼睛明亮，精神抖擞，工作整天忙碌不停。每当有上级的送信任务时，他总是立刻行动，在泥泞的草地里艰难跌滑，从不叫苦。

在泥沙没过脚踝的草地上，每行走一步，都要付出很大的代价。张思德作为班长，为了使别的同志减少体力消耗，遇到任务总是自己承担。

有一次，张思德又要自己去传送一道命令。通讯班副班长见他身体不好，又事事抢先，心中不忍，希望他注意休息，对他说："班长，你总是这样不成啊，送信任务还是大家轮流干吧！"

张思德解释说："咱们班好多同志年龄小，不能让他们再多跑路。我自己多跑几趟，让大家都能够走出草地，完成北上任务，多好啊！"

副班长见他不依，便说："那我可以多送。"

张思德笑着说："你和我还不都一样嘛！"说着又走了。

在草地上宿营是很危险的，草地净是泥泞渍水，一般很难夜宿。行军到了傍晚，往往要找一个土丘、河边、高地等比较干一点的地方宿营。如果找不到比较干一点的地方，就只好在草地里露宿。

怎么露宿？或者就地而卧，或者坐着打盹，或者背靠背睡一会儿。女同志往往两人依偎在一起，这样还暖和一点。若有块油布用树枝架起遮挡风雨，就算是很好的条件了。

有时晚上风雨交加，用树枝架起的油布，既遮不住风雨，也挡不住寒冷，就只能在风雨淋浇之下熬过一夜。在草地里露宿还担心睡着后跌倒或滚到深水泥沼里去，这样就没命了。因此，有时几个人轮流值班，以免发生不幸。

但是，草地的夜晚太冷了，第二天一早起来，往往会看到草地上长眠着一些战士，甚至是跟自己背靠着背休息的战友。

为了同志们的安全，减少不必要的损失，张思德几乎夜里没睡过整觉。他打个盹儿，就起来看看，哪儿草皮下渗出了水，把同志拍醒，让大家活动活动身子，再挪个干爽点的地方。有时候，他守着篝火，不时地加点柴禾，给同志们烤干衣服。

草地天气，一日三变，温差极大。早上，太阳出得晚，很冷；中午晴空万里，烈日炎炎；下午往往突然黑云密布，雷电交加，暴雨冰雹铺天盖地而来，或者雾雨朦胧；夜间气温降至零摄氏度左右，冻得人们瑟瑟发抖。

红军战士过草地前，大多衣单体弱，准备的棉衣、皮衣哪能够几万人穿！为了御寒，各人穿戴五花八门：穿着厚衣的有之，穿着单衣或夹衣的更多；裹着毯子的有之，更多的是披着各种兽皮；头戴草帽斗笠者有之，顶着油布、打着雨伞者不少；脚穿皮鞋或兽皮靴子的有之，仍然穿着草鞋甚至赤脚的也不少。

太冷了，有人就喝点酒或咬点辣椒驱寒。但酒和辣椒都带得少，不够用，两三天后也没有了。这样在泥沼草地的行军，真可谓"饥寒交迫，冻馁（něi）交加"。

在草地的几天里，脚是湿的，衣服是湿的，到了宿营地，地是湿的，柴草是湿的，身上几乎没有干过，能冻死人。饥寒、疲劳、疾病夺去了许多战友宝贵的生命。

草地行军，吃饭是个大难题。进入草地前，红军想尽一切办法筹粮。将青稞（kē）脱壳搓成麦粒，再碾成面粉炒熟，便成了干粮炒面；宰杀马匹、牦牛，做成肉干以备食用；在藏民带领下寻找野菜，供过草地之需；还要准备烧酒、辣椒或辣椒汁御寒。

虽然尽了最大努力，红军筹到的粮食还是不够全军之用，每个人最多带有8至10斤，一般的带有5至6斤，有的只有3斤、4斤。粮食不足，使红军在过草地时付出了太多的生命代价。

准备的青稞麦炒面，需要用水煮着吃，可是草地的那个泥水根本不能饮用，没有水，干吃很难受，且口渴难熬。

一下雨，青稞麦被淋湿了，就成了疙瘩，再用开水就和成了稀面糊糊，吃着不经饿。如果直接吃黏（nián）疙瘩，又难以下咽。

还有不少同志在进草地之前来不及磨面，带的就是青稞麦。这样的青稞麦只能一颗颗咬着吃，带得少，就一颗颗数着麦粒吃，尽量节省多吃一两天。

在草地里艰难地走了二十多天以后，更加困难的情况出现了：战士们身上带的干粮全都吃完了，部队断粮了，饥饿威胁着红军战士们。怎么办？

为了走出草地，首长杀了驮文件的战马，分给伤病员吃。战士们解下了皮带、枪背带，煮了一口一口吃了。在极端困苦的情况下，大家争着把自己能吃到的一点东西，首先让给体弱、有病的同志。

有一次，炊事班老班长端着一碗野菜糊糊递给张思德，说："给，把它吃了！"

张思德推辞道："不，你自己吃吧，你年岁大，要多保重。"

老班长却说："莫惦记我，你们年轻，往后路长着呢……"

张思德深深感谢这位50多岁的老班长，他接过糊糊，悄悄地走出去，又把野菜糊糊送给了班里两个外出拣柴火回来的小战士。

战士们以野菜充饥，中毒的事时有发生。为了战胜无情的饥饿，走出草地，完成北上抗日的神圣任务，党组织号召大家识别各种不同的野菜和有毒的野草。

北上抗日 是九一八事变后红军坚定的政治理想。在第五次反"围剿"失败，中国共产党和工农红军面临生死存亡的严重危机的情况下发生的红军长征，从更广大的历史背景来看，同样也是在抗日救亡成为全民族最紧迫的任务，中国面临民族危亡的情况下发生的。红军长征胜利到达陕北，使中国共产党领导的红军主力转移到了民族抗战的最前沿，为后来的抗战胜利奠定了重要基础。从某种意义上说，红军长征是一次高举着北上抗日旗帜的战略转移。

在茫茫的草地上，野草遍地，毒草丛生。要尝出一种能吃的野草是很不容易的，往往要付出很大的代价，轻者中毒，重者可能死亡。

这时候，张思德还没有入党，但他处处严格按照党员的标准要求自己，在"尝百草"的活动中，他总是抢在前头，见到一种草，首先尝一尝，找到一种能吃的草，就马上去告诉兄弟单位。

有一天晌午，部队在一片水草丰茂的洼地上休息，张思德便带着一名小战士到附近地

区找野菜。

　　小战士突然高兴地叫起来："野萝卜！野萝卜！"

　　张思德过来一瞧，果然，离水塘不远的地方长着一丛丛野草，叶子是绿色的，形状跟萝卜叶子差不多。

　　那个小战士兴冲冲地跑过去，拔起一棵就往嘴里送。张思德忙赶上去，一把夺过来说："先别急于吃，有些颜色好看的野草，却是有毒的。"

　　张思德先撕下一片野草叶子放到嘴里，细细嚼了嚼，味道倒是甜丝丝的，他要小战士先采一些带回去，作鉴别。

　　可是不大一会儿，张思德感到有些头昏脑胀，全身无力，紧接着，他肚子一阵绞痛，并呕吐出来一些清水。他急忙对小战士说："这草有毒，不能吃，快告诉同志们。"

没等把话说完，张思德就摔倒了，一时失去了知觉。小战士忙叫来班里的战友，大家见张思德脸色发青，面部浮肿，便赶到营部取来解毒的药物。

半个多小时以后，张思德慢慢醒来，模模糊糊地看见小战士端着瓷缸蹲在跟前，他急忙说："不要管我，快去告诉其他同志。"张思德就是这样把生的希望让给同志们，把牺牲的危险留给自己。

为进一步解决吃的问题，朱德总司令还提议举办一个草地"野菜博览会"。直属队和附近的部队都派来了代表，组成了一支40余人的采野菜大队。

这一次，大家采摘了60多种可吃的野菜。朱总司令又嘱咐张显扬与张思德带人将这些野菜分类整理好，用水养起来，待办博览会时用。

朱总司令一手操办的"野菜博览会"在草地上隆重开幕了。野韭

菜、野蒜、野芹菜、臭蒿子、牛耳大黄等60多种奇形怪状的野菜整齐地排列起来，红军战士们排着长长的队伍，兴高采烈地参观着这古今中外从未有过的博览会。

一位红军战士指着牛耳大黄，瞪大眼睛惊讶地叫道："这不是中药材吗？"

正在一旁的朱总司令笑着说："是啊！药材也来参加革命了，它也算是'革命菜'了！"引得大家都笑了起来。

朱总司令平易近人，与最基层官兵同甘共苦，他的人格魅力深深感染了张思德。然而，张思德也许不知道，他在长征中的表现，也在朱总司令心头留下了深深的印象。

后来，长征胜利到达陕北后，中央军委警卫营要挑选一批优秀的战士和班长骨干。朱总司令亲自给负责遴（lín）选的干部推荐了言语不多、特别能吃苦耐劳的张思德。

在过草地的最后阶段，日子越来越艰苦。有时候，没有能吃的野菜，大家就将身上的皮带、皮鞋，甚至皮毛坎肩脱下来，还有马鞍子，锣鼓的鼓皮，煮着吃。

过草地，每天都有掉队的。饥饿、寒冷，加上缺医少药，伤病员有增无减。当时既无医院，又没那么多担架，完全靠每个伤病员拄着棍子，尾随着部队走。每天掉队的有三四百人，其中大多数都能跟上队伍，但也有不少同志跟不上。

张思德所在的红四方面军三过草地。这样极端恶劣的自然环境，也使部队减员不少。在极端恶劣的环境下，红军官兵怀着共同的革命理想，保持着严明的优良纪律和乐观的革命精神，发扬了令人感动的阶级友爱精神，没有垮掉，没有散掉，同甘共苦，以巨大的精神力量战胜了萧华（1916年1月21日—1985年8月12日），原名萧以僔（zǔn），出生于江西省赣州市兴国县潋江镇肖屋村，中国人民解放军开国上将，优秀领导人，杰出的政治工作领导者。他参加过第二次国内革命战争、长征、抗日战争、解放战争，历任红一军团第二师政治委员，八路军第一一五师政治部主任，辽东省委书记，解放军东北野战军第一兵团政治委员，第四野战军特种兵司令员等职。新中国成立后，被授予中国人民解放军上将军衔，萧华所著的《长征组歌》被评为二十世纪华人经典音乐作品之一。

自然界的困难，终于在死神的威胁下夺路而出。

萧华上将后来在《长征组歌》中写道：

风雨浸衣骨更硬，野菜充饥志越坚。

官兵一致同甘苦，革命理想高于天。

从草地继续往前走，到达噶曲河边。这是一条黄河上游的小支流，河宽水寒。战士们知道，过河不远，就要走出草地了，因此大家兴高采烈，挽着胳膊，准备过河。

张思德和几个水性好的战士挽着臂膀，站在水的深处，保护着不会凫水的战士过河，直到通信营的战士们全部安全过了河，他们才向对岸游去。

上岸后，正准备追赶队伍，忽听到身后有呼救的声音。他们回头一看，总部几个过河的女战士被上游直泄下来的冰水冲倒了，她们正在水中挣扎着。

见此情景，张思德和战友们立即向下游奔去，最终成功拦住了被水流冲倒的女战女，并把她们一个个护送上岸。

上岸后，张思德见有个背药包的女战士神志昏迷，又急忙取出背包里的一块盐巴，用瓷缸化了碗盐水，给那女战士喝了，女战士马上清醒过来。张思德鼓励她说："加劲走吧，陕北再见！"

长征是张思德一生中最难忘的战斗历程。后来，在工作中，他常以长征事迹和长征精神激励自己和身边的战友们。

感 悟

在泥沙没过脚踝的草地上，每行走一步，都要付出很大的代价。张思德作为班长，为了使别的同志减少体力消耗，遇到任务总是自己承担。

在品尝野菜，寻找食物时，张思德又总是抢在前头，把生的希望让给同志们，把牺牲的危险留给自己。我们在平时的生活中，也要像张思德那样，多为别人着想，多为集体着想，在自己的能力范围内，尽力帮助别人，为建设和谐社会作出自己的贡献。

一切行动听指挥

1937年10月，张思德光荣加入中国共产党。从此，他更加严格要求自己，时时处处把党和人民的利益放在高于一切的位置，党叫干啥就干啥，一切行动听指挥……

1936年10月，红二、红四方面军到达甘肃会宁、静宁一带，同前来接应的红一方面军会师后，红一、二、四方面军协同作战，通过山城堡战役，打破了国民党的围攻。

抗日战争爆发后，国共再次合作，携手抗战，红军改为八路军。张思德所在部队准备开赴抗日前线，部队中的老弱病残人员被留下来，编成一个留卫连，负责警卫关中云阳八路军留守处和残废军人医院。

八路军 为国民革命军第八路军的简称，是中国共产党直接领导的抗日武装力量，也是中国人民解放军的前身之一。后改称国民革命军第十八集团军，朱德改任总司令，彭德怀改任副总司令。但八路军的称呼，仍被广大指战员和人民群众习惯地沿用下来。

当时，张思德身体患病，被编进了警卫连，任一排二班副班长。警卫连刚成立那阵，班里好几位同志病重卧床，他就端吃端喝，像亲兄弟一样侍候患病的同志。

晚上站岗，张思德经常连站两班，让患病的同志多休息一会儿。他是副班长，负责班里的内务卫生，可他很少命令其他同志做这做那，而是

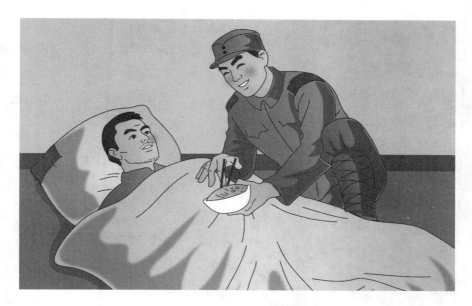

自己动手，以自己的模范行动影响和带动大家。

班里的水用完了，张思德就去打水；地脏了，他就去扫地。他的手巧，补衣服打草鞋都很在行，一有空就帮同志们缝缝补补，一天到晚总是闲不住。在班务会上，大家表扬他。他说：我的病轻，多干点没啥。

由于张思德工作兢兢业业，吃苦耐劳，完成任务出色，1937年10月，他光荣加入中国共产党。从此，张思德更加严格要求自己，时时处处把党和人民的利益放在高于一切的位置，坚持一切从人民的利益出发，党叫干啥就干好啥，从不讨价还价。

1938年春，张思德调任云阳八路军——五师留守处警卫连一排三班班长。他处处以身作则，给战士们做榜样。战士十分佩服他，支持他的工作。

7月的一天，三班突然接到上级紧急命令：武装护送十辆卡车装载的一批重要抗战物资到延安。当长长的车队行进到黄陡坡山腰时，天色

八路军一一五师 全称国民革命军第八路军第一一五师。抗日战争时期，中国共产党领导的三个主力师之一。1937年8月，由中国工农红军第一、第十五军团主力及陕南红军第七十四师合编而成。1943年，八路军一一五师与由山东纵队改称的山东军区合并为新的山东军区。抗战胜利后，八路军第一一五师番号不再使用。

已黑，又下起瓢泼大雨。

车子只好停下来。那些被解放过来不久的原国民党部队的司机把车子乱七八糟地搁满山坡，去客店休息。

张思德立即召开全班战士紧急会议，决定每辆车派一个战士负责守护和警戒，自己却冒雨在泥泞的盘山公路上不停地查看每辆车上的物资，看有无被雨淋着，询问战士能否坚持得住。

他每巡查完两次，就叫醒已休息过的战士和警戒的战士换岗，而自己却在风雨交加的夜里整夜都不休息。

天明雨停时，战士和司机见到满身是泥的张思德，无不为之感动，特别是那些司机更是感佩不已。于是大伙齐心协力，顺利完成了护送车队安全到达延安的光荣任务。

张思德不仅在生活上乐于助人，而且也很关心同志们的思想进步，和大家建立了真挚的同志友谊。警卫连刚组建时，班上有个南方人，因为想家而闹情绪，凡是轮到他站岗放哨，他就称病请假。同志们在班务会上批评他装病，谁知不但没有解决问题，反而越闹越僵，他干脆连早操也不出了，天天睡懒觉。

张思德看到这种情况，就把自己的铺盖搬到这个战士旁边，头并头地与他睡在一起，和他谈心。原来这个战士家里很贫穷，他在给地主打长工时被国民党抓了壮丁，在直罗镇战役中被解放，自愿加入八路军。

张思德摸清了他的思想，就用忆苦的办法，启发和教育他树立革命的信念。后来，这个同志真的病了，张思德就给他做病号饭；他的鞋破了，张思德就用布条和麻绳精心编了双鞋送给他。

这个战士很受感动，握着张思德的手说：班长，你对我像亲兄弟，今后看我的行动吧！从此，这位同志变了，精神振作，工作非常积极，成了班里的骨干。

1939年春天，云阳的国民党军队开始制造摩擦事件。他们到留守处寻衅闹事，又下命令发通牒，限期八路军离开云阳。

面对国民党顽固派的无理挑衅，战士们虽然非常气愤，但是为了顾全大局，留守处和残废军人医院于秋初开始长途行军，向旬邑土桥一带转移。

入秋的天气依然酷热难当。行军中最困难的是没有鞋子穿。刚刚走了两天，大部分同志的鞋底就脱了帮，只好用绳子绑着走路。

关中的路边长满了蒺藜，有的同志鞋底磨穿，脚上扎了刺，每走一步都钻心地疼。看到同志们一瘸一拐地走路，张思德提出打草鞋的建议。可是一时找不到稻草，他心里非常着急。

有一天行军时，张思德在路边发现了一片马蔺草，就用刺刀把马蔺草割下来，捆成一捆，背在身后。晚上宿营后，他就赶着打草鞋，等他一口气打完三双草鞋，已是鸡叫头遍了。

第二天，他把这三双草鞋转送给鞋子最烂的三位同志穿。这三位同志穿上试了试，觉得比破布鞋舒服多了，都很高兴。从此，同志们在行军时只要发现马蔺草，就把它割下来，像宝贝似的背着。一到宿营地，张思德就手把手地教大家打草鞋。这样，同志们都穿上了草鞋。

当部队走至土桥等地遇到国民党军队的刁难、寻衅时，张思德总是走在最前面，向他们宣传共产党的统战政策，用实际行动戳穿了敌人妄图诱逼八路军开第一枪的阴谋，最终使全体同志安全地到达了目的地。

留守处和残废军人医院的同志到达土桥之后，天气开始变冷。为了解决冬季取暖问题，上级决定烧木炭。张思德懂得烧炭技术，于是他和班长带领战士们上山烧木炭。

烧炭又苦又累，可是张思德带领战士们干得非常起劲。每次炭窑点火后，他就守在窑边，累了打一会儿盹，醒来再接着干。等到窑烧好，他的眼睛也熬红了，人也累瘦了。

那年冬天，张思德领着同志们烧了三个月木炭。烧炭结束后，他被评为劳动模范，留守处奖给他一条毛巾和一个笔记本。

感 悟

张思德不仅在生活上乐于助人，而且也很关心同志们的思想进步，和大家建立了真挚的同志友谊。因此，我们平时要想获得真挚的友谊，也要学会关心别人。

认真做好通讯工作

一天，张思德奉命送一封很重要的信。从延安北桥儿沟到南泥湾有九十多里路。张思德一路攀山、爬坡、走小道，没走多远，脚上的草鞋就磨破了……

1940年初，张思德随警卫连回到党中央所在地延安。不久，他在朱总司令的推荐下，被分配到中央军委警卫营，担任通讯班长。

那时，没有交通工具，全靠战士两条腿跑，甚至连雨衣、雨布都没有，条件十分艰苦。而张思德却十分乐意挑起这副重担，完成得非常出色。

一天，鸡刚叫过头遍，张思德被叫到营部。营长交给他一封信，认真地说："这是一封很重要的信，你马上送到南泥湾，明天天黑之前务必带着收条回来！"

张思德答道："是！"把信揣进怀里，敬个礼，急步走出窑洞。

营长追出窑洞喊："张思德！把我的鞋换上再走！"

张思德一边走一边说："不用啦……"

从延安北桥儿沟到南泥湾有

南泥湾 位于陕西省延安城东南45公里处，是延安精神的发源地，也是中国农垦事业的发祥地。1941年3月，八路军三五九旅在旅长王震的率领下，在南泥湾开展了著名的大生产运动。南泥湾精神是延安精神的重要组成部分，其自力更生、奋发图强的精神内核，激励着一代又一代中华儿女战胜困难，夺取胜利。

九十多里路。张思德一路攀山、爬坡、走小道，没走多远，脚上的草鞋就磨破了。山上全是石头、荆棘，脚趾被石头碰破，脚面也被荆棘划出几条血口子。

张思德向周围看看，跑到一棵老桦树下，剥下几层树皮，叠在一起，又在山坡上找了一些马莲草，搓成绳子，把桦树皮串起来，绑在两只脚上。就这样，张思德穿着"桦皮鞋"出色地完成了任务。

有一天傍晚，张思德刚执行任务回来，班里又接到一个紧急任务，要把一封有关敌情的急件送到中央军委总参谋部作战室。

这次任务本来轮不到张思德去执行，但他考虑任务紧急，道路复杂，便决定自己去送。

可是快到延安东关外飞机场时，电闪雷鸣，风大雨急。张思德急中生智，跑进山洞，包好密件，脱下布鞋，将密件放入鞋中，两鞋一扣，捆紧后夹在腋下，冒着大风雨，踏着泥泞的山路，及时把密件送到作战室。

还有一次，张思德和战士小侯一起去送信，走到一条小河边，雨季河水齐腰，水流湍急，找不到船，凫水又怕把信弄湿了，焦急万分。

最后，还是张思德想出了办法。他们跑到老乡家借来两条绳子，把粗绳子的一头拴在河边一棵树上，细绳子在粗绳子上打个能滑动的结，把信件用树枝别在细绳结的下面。

张思德让小侯先握住绳结，自己拿着两根绳的另一头游向对岸。上了岸，他把粗绳子拴在一块高耸的大石头上，拉动手中的细绳，信件滴水不沾地过了河。

张思德非常善于团结同志。1940年春天，上级将中央军委警卫营四连战士陈耀调到营部通信班工作，接见的营教导员淳（chún）杰同志对陈耀说："你们的班长张思德，是经过两万五千里长征的同志，你要向他好好学习。"

　　教导员把陈耀领到班里，他第一次见到了张思德同志。只见张思德同志中等个头儿，虽然负过伤，仍然很健康，脸色黑红，两只眼睛特别精神。他身上穿着一身褪色的灰粗布军装，脚穿一双旧草鞋，穿着虽然破旧，但是十分整齐、干净。

　　不等介绍，张思德就先笑着说："我叫张思德，是四川仪陇县人。咱们这个班的同志来自各个省，今后咱们要按首长的指示团结一致，把保卫党中央和毛主席的光荣任务共同担负起来。"

　　一接触，张思德就给陈耀留下了深刻的印象：朴素、诚恳。陈耀到通信班以后，领导叫他当副班长，他怕干不好。一天傍晚，张思德同志把他叫出去，到窑洞前面找了个地方坐下，热情地和他谈起来。

　　张思德把全班战士的思想和工作情况，一一地给陈耀作了介绍，并且告诉他怎样领导一个班，鼓励他努力当好副班长。张思德说："我们的责任是把全班同志领导好，这是党交给我们的光荣任务。要完成这

个任务，就要咱们两个人以身作则，处处带头，脏活、累活咱们要先去干，不能怕艰苦。"

张思德还以亲身经历告诉陈耀要爱护战士，他说："长征时，有一点吃的东西，总是首长让给战士，战士让给首长。为什么那样互相爱护呢？因为咱们是共产党领导的人民军队，大家都是为一个目标战斗的阶级兄弟。比方咱们俩，我是四川人，你是山西人，相隔两千余里。如果不参军，做梦也到不了一起。如今为了一个共同目标战斗在一起，这就比亲兄弟还亲。我们所有的同志都是兄弟，都要一样地爱护。"

张思德的谈话给了陈耀很大的鼓舞和启发，心里一下子有底了。就这样，在张思德的鼓励和帮助下，班里工作搞得有声有色。

张思德很注重全班战士整体素质的提高，不仅常给战士们讲通讯工作的重大意义，还通过实例启发引导他们。

张思德多次用长征中一个典型例子说明通讯工作的重要性。他向战士们说：在川西，七个通讯战士同时突围，结果六个战士牺牲了，只有一个同志突出重围。这个同志在身负重伤的情况下，用尽最后一口气爬到红军驻处，报告了重要敌情，从而使红军一个营避免了覆没的危险。

一次，毛泽东的机要秘书叶子龙送来一个急件，要求立即送到《解放日报》社。报社在宝塔山下，从枣园到宝塔山必须经过延

枣园 位于陕西省延安市城西北8千米处，当时是中共中央书记处所在地。枣园原是一家地主的庄园，中共中央进驻延安后，作为中央社会部驻地，于是改名为"延园"。1944年至1947年3月，中共中央书记处由杨家岭迁驻此地。枣园已成为全国革命传统教育的重要基地之一。

河。当时，连日暴雨，河水猛涨。

张思德又主动承担了这个艰巨的任务。他脱下衣服，把用猪尿泡皮包好的密件裹在衣服里，紧抱在头上，跳进急流滚滚的延河里。当游到河中心时，上游突然冲来一根树桩，眼看就要和他相撞了，张思德用手全力一推，树桩顺水而下，摆脱了险情，及时把密件送到了报社。

第二天，《解放日报》头条刊出了毛泽东亲笔起草的社论《质问国民党》。这篇社论就是张思德送去的那个密件，全班战士兴高采烈，都很敬佩他的英勇奉献精神。

感 悟

那时，没有通讯和交通工具，全靠战士两条腿跑，甚至连雨衣、雨布都没有，条件十分艰苦。而张思德却十分乐意挑起这副重担，完成得非常出色。

我们在日常的学习和生活中也会遇到很多困难，如果我们能够像张思德那样，保持着积极乐观向上的精神，也一定会克服困难，完成得很出色。

时刻准备进行战斗

张思德传达了首长的命令，要大家在这里做好战斗准备，歼灭敢于进犯延安的国民党反动派。一听说国民党反动派要窜犯延安，大家都非常气愤……

陕甘宁边区 包括陕西北部、甘肃东部和宁夏的部分区域，是中国共产党的根据地。1935年10月，中央红军主力长征到达陕北后，建立了中华苏维埃人民共和国中央政府西北办事处，使陕北成为革命的中心根据地。1937年9月，根据国共两党关于国共合作的协议，中国共产党将陕甘苏区改名为陕甘宁边区，并成立了边区政府，首府延安。抗日战争时期，陕甘宁边区是中共中央和中央军委所在地，是敌后抗日战争的政治指导中心和敌后抗日根据地的总后方。

张思德担任通讯班长不久，早已包围了陕甘宁边区的国民党反动派军队阴谋窜扰延安。1940年初夏的一天黑夜，部队紧急集合，连夜开赴前线。

在急行军中，张思德同志关心着每个同志。他时而帮助这个战士背枪，时而帮助那个战士背干粮袋。

过河时没有桥，有个同志脚磨破了，张思德怕他蹚（tāng）水脚痛，于是就背着他过了河。

天将晌午，大家到达了目的地姚店子。姚店子是个小镇，距延安只有五十多里，是延安东北的重要道口。

一到目的地，张思德放下枪和背包，便抢着提起水桶为同志们打洗脸水，接着又拿起扫帚扫窑洞。班里的事安置完了，他又帮助炊事班烧水做饭去了。

饭后，马上开了班务会。张思德传达了首长的命令，要大家在这里做好战斗准备，歼灭敢于进犯延安的国民党反动派。

一听说国民党反动派要窜犯延安，大家都非常气愤，个个摩拳擦掌，准备给敌人致命的打击。

张思德激动地说：

> 国民党反动派要窜犯延安，咱们就在这里给他们来个迎头痛击。来多少，就消灭他们多少，绝不能让他们前进一步！坚决保卫党中央和毛主席。

张思德还诙谐地说："这回敌人把武器送上门来了，咱们一定收下，好好补充补充。"逗得大家哄堂大笑。

姚店子坐落在山谷中间，两边是高山，中间是延河。下午，大家便上山修筑工事。山坡上长满了芦苇和野草，地下全是胶泥和卵石，用铁锹挖起来非常吃力，一镐（gǎo）下去，也只有一寸多深。但是大家抱着保卫党中央和毛主席的决心，这些困难哪在话下。每天一上山，大家就一股劲地挖，谁也不肯休息，进度很快。

张思德同志比任何人挖得都快。他挖完了自己的工事，不顾手已磨出血泡，就接着帮助别人挖。挖的时候，他还不忘提醒大家，小心别损坏了庄稼。

收工回来，张思德还沿途拾些柴火，带给炊事班。不几天，通讯班

便在姚店子的高山上、大路上挖筑好了许多工事。

接着，大家一边密切注视着敌人的行动，一边开始了紧张的练兵。那时，大家每人都有一支三八式步枪或自造的金钩儿步枪，一把大刀，三颗手榴弹。每天操练劈刀、刺杀、投弹、射击的本领。

陕北的初夏，早晚还清凉，太阳一当空，便立刻灼热起来。通讯班的战士们在张思德的带领下，不管这些，专心按照上级规定苦练杀敌本领，练得汗流浃背还不肯罢休。

张思德不但苦练在前，作出榜样，而且领导操练严肃认真，一丝不苟。有的同志"稍息"姿势不正确，他也不放过。他总是耐心地讲清道理，做出示范动作。

有的新战士射击瞄准时，闭不上左眼，他建议在左眼上贴片树叶，并且鼓励大家说："回去坚持练，慢慢习惯了，就能闭上左眼。"

晚上，张思德常常领着大家认真演习，经常提醒战友们，要带着保卫党中央的决心，带着敌情观念演习，并且随时把他的实战经验，如怎样做好伪装，如何隐蔽自己等技能传授给大家。

作为班长，张思德同志处处走在前头。对于武器，他非常爱护，有空儿就拿来擦拭。在他的带动下，通讯班的战士们都把枪支保养得很好。

由于大家做好了充分准备，国民党反动派的队伍没敢前进到姚店子，像乌龟似的缩了回去。不久，张思德带领着通讯班胜利返回了延安。

感 悟

凡事预则立，不预则废。正是由于大家做好了充分准备，国民党反动派的队伍才没敢前进到姚店子，像乌龟似的缩了回去。在进行准备工作的时候，张思德无疑给大家作了表率。所以，我们要想做成一件事，也要像张思德那样，积极进行准备工作，机会总是给有准备的人的，这样才可能取得最终成功。

伐薪烧炭南山中

陕北冬季漫长，寒冷难耐，当时窑洞取暖只有靠木炭。因此，烧炭就成了重要任务。第二天清早，张思德带着大家，背上工具和干粮出发了。一路上，他们高唱"向前，向前，向前！我们的队伍向太阳……"等革命歌曲，情绪非常高涨。

陕北冬季漫长，寒冷难耐，当时窑洞取暖只有靠木炭。每年从十月到次年三月，共计约半年时间里，大家都需要在窑洞里用木炭生火取暖。因此，烧炭就成了当时许多同志的任务。

1940年初夏，张思德奉命带领一个班，到延安南边的深山老林里烧炭，供机关冬季取暖。伐木烧炭，远离延安街市，深入沟壑（hè）山林，短则一个月，长则三个月，生活近乎筚（bì）路蓝缕，但同样也是革命事业，是为人民服务。

这个班是从各班临时抽调一些同志组成的，共有11人，都是二十来岁的青年。张思德同志当时也只有二十五岁，除了他，大家谁也没有烧过炭。

任务非常艰巨，困难很多。可是当首长问他："有困难吗？"他却坚定地回答："困难是有，不过我们能克服！现在的困难比过雪山草地时少得多。"

对于党交给他的任务，不管多么困难、艰巨，张思德同志一向都是这样坚决地回答，从来都是不折不扣地完成。他经常对大家说："事情都是人办的。"

接受任务的当天，张思德同志召开了党小组会，随后又召开了班务会，他反复向大家说明：

> 烧炭是为了保证同志们冬天烤火，战胜严寒。这是一项
> 政治任务，是重要的革命工作。

张思德还要求大家做好克服困难的准备。他说："烧炭，又脏又累，很费衣服，生活比延安艰苦。进入山林，如同打仗一样，大家要做好战斗准备。"

会后，张思德又分别找同志们谈心，了解大家还有什么困难，并且抓紧时间从各方面进行准备。他领来了十几把斧头，让同志们各自挑选一把，最后剩下了一把，自己拿来用。

第二天清早，张思德带着大家，背上工具和干粮出发了。一路上，他们高唱"向前，向前，向前！我们的队伍向太阳……"等革命歌曲，情绪非常高涨。

太阳偏西，张思德他们到达了土黄沟。土黄沟一带的山很高，满山都是茂密的原始森林，遍地都是齐眉的野草，夹杂着落叶。进山没有路，只能顺着野兽的足迹前进。

一进入山林，就有一种神秘的感觉。那重重叠叠的枝丫，密密层层的树叶，封锁了阳光，只漏下星星点点的日影，抬头简直望不见天。从山林深处，时而传来豹子、野猪、黄羊的吼叫和各种鸟儿的歌唱。

战士们来不及欣赏林海风光，便集中精力勘察青冈树的分布和山坡的土质情况。张思德对大家说：森林里各种树都有，但是适合烧炭的是

青冈树 一种常绿乔木，又名青冈栎，是我国分布最广的树种之一。因为它的叶子会随天气的变化而变化，所以称为气象树。青冈树为亚热带树种，木材质地坚硬耐腐，一般用来做铁道枕木，也用来制造家具和器皿等。

青冈树。要调查好青冈树的生长、分布情况，才能决定在哪儿打窑。

烧炭队员们的生活条件是非常艰苦的，劳动也是非常艰难的。大家住在一个破土地庙里面，旁边是一个老乡的场院，场院里面有两口窑，窑脸都塌了，前面乱七八糟。

烧炭队就把土地庙当作了伙房，拿了一口锅便成了唯一的炊具。旁边的土窑洞当成了宿舍，没有门，没有窗户，就是大开门，所以晚上刮风，耳朵边上都是风声叫，满脸灰尘。

进山时每个人发一个没有开刃的斧头。依照专门请来指导的老师傅意见，第一个任务是磨斧头，大家先到河滩里去捡石头，权当磨石用。斧头没有柄，也是按照老师傅指示，选伐合适的树木经火烤炙后装木柄，一把斧头就做成了。

晚上，张思德发动全班战士讨论烧炭计划。他说："我过去虽然烧过窑，但那是在别的地方，跟这里的情况不同。我们要根据这里的森林、土质、道路情况来烧窑。大家要多商量，共同想办法才能打胜这一仗。"

张思德同志的虚心态度，激发了大家的热情。战士们你一言、我一语，各抒己见，讨论得十分热烈。最后张思德同志集中大家意见，决定共打七个窑，前沟打三个，后沟打四个。全班分成砍树、打窑两个战斗组。第二天，大家正式开始了烧炭的工作。

天刚蒙蒙亮，他们就上山劳动，砍树的砍树，打窑的打窑。直到天黑才收工下山。

晌午多半都在山上吃饭，生活很苦，没有菜吃，只是盐水就饭。可劳动时，大家一会儿这个唱个小调，一会儿那个说个笑话，欢笑和歌声，不时地在山林里发出回响。

张思德同志常给大家讲长征故事。休息时，他还常拿出自己制作的笛子，吹《当红军的哥哥回来了》《小放牛》等民间小调。

山林里野兽的吼叫和鸟儿的叽喳声，被革命战士劳动的欢笑淹没了。古老的山林充满了青春的活力。

《当红军的哥哥回来了》 陕北民歌，源于米脂县，当时米脂就是闹红军的策源地之一，好多女青年跟红军闹革命，凡因孩子拖累太大的青年妇女，不得已留在家中者，当然免不了对上前线的丈夫的思念与揪心。于是，就唱出了这首歌曲。

《小放牛》 中国民间器乐曲。原为昆曲中的《吹腔》曲牌，是笛子独奏家陆春龄等演奏的南方曲笛代表性曲目。音乐富于抒情的民歌色彩和浓郁的田园风格，表现天真活泼的村姑与牧童相互诘问、对答的明快情绪。

张思德发动群众在炭窑前后的土坡上，在各个道口的树干上，刻写了"自力更生，克服困难，为超额完成党交给的烧炭任务而斗争！""打倒日本帝国主义，解放全中国！""毛主席万岁！"等标语。当大家感到疲倦时，一看到这些激动人心的口号，精神便立刻又振奋起来。

战士们虽然打仗行军是行家里手，但是伐木烧炭却并不在行。最初大家不会砍树，不知道怎么用劲，只知道抱着斧头往大树身上砍。那个老师傅说这样可不行，斧头应当从下往上砍，再从上往下砍，砍出一个梯形的口，这样，粗大的树才能让斧头进得去。

十几个人分散开，每人手里挥举着一把发亮的斧子，在陡峭的山腰上爬动，随着斧子的响声，树木如山崩地裂似的倒了。斩头去梢，将其中段砍成五尺长不带枝叶的材料，拖到窑里，按一定的层次程序装窑。

打窑是需要专业技术的，大体是在一个倾斜四十五度角的山坡上，切下一块，把土面打开，整出一个平台，再在剖面上挖窑洞。

先挖一个门，打进去，再挖一个洞，很深的洞，门要小，门下旁边还要修一个像牛犄角一样的边洞，外面大里面小，是作引火通风用的。炭窑上面还得挖一个出口，作烟囱出烟和水汽蒸发之用。

接着就是点火烧窑。炭窑引火，得一天一夜才能引着。外面是干柴，塞在牛犄（jī）角洞里面，点着以后慢慢地用这个火烤里面的木头，从湿烤到干，渐渐地烤得发出火苗。

三四天以后，炭窑当初冒出来的烟带有水蒸气，是白的，几个昼夜，烟就变黄，再变青，最后这个烟几乎看不见了，往上冒着全是青纯的气，就可以用土把烟眼和风洞完全封闭，七天后开窑透气，再冷却三天，大功告成。

对烧窑火候的把握，需要有专门的师傅看火。烧过了头，留下的都是灰，没有炭了；烧不透，封火过早，炭里面还有木头夹在一起，这叫生炭，取暖时会冒烟呛人，甚至会产生一氧化碳中毒事件。所以掌握火候是技术，可意会难言传。

接下来的活计是开窑出炭。开窑出炭是非常辛苦的，里边就像一座焚化炉。那时没有任何防护用品，连起码的手套都没有。人要爬进去，将木炭一根一根地传出来，外边的人接应晾上。进去一次，人就闷热得好像要脱一层皮。

这种最脏最苦的活儿，张思德总是抢在最前面。工作开始了，一阵难闻的烟气从炭窑里喷散出来，使人立刻感到窒息，咳嗽起来。大家赶快把嘴巴闭紧，在挥汗如雨中享受着劳动收获的喜悦。

出窑的炭需要马上打包，防止阳光下长期裸放而被氧化。最后的工作是将打包过的木炭从山里运输到延安。

一棵青冈树烧成木炭，要经过砍伐、打窑、烧窑、出窑、捆扎、背运等七八道工序。

张思德在实践中，经过仔细琢磨，创造了一边砍伐，一边装窑点火，一边出窑的流水作业方法，并且在天黑收工时，让每个人随手背一包木炭下山，合理地组织了劳动力。

对于每一道工序的技术，张思德一方面把自己的经验毫无保留地传授给大家，另一方面又继续钻研，虚心学习大家的新经验。

有一次，战士们刚烧了一窑特别好的炭，每根炭都明光光、蓝油油的，好像上了层电光一样，敲起来当当作响，而且全部都烧得很透，碎的也极少。

出完窑张思德就让大家一边休息，一边讨论，为什么这一窑出的炭这么好？通过这次讨论，大家总结出了一套烧炭的好经验。

张思德同志很注意节约。砍树时，他三番五次地提醒大家，要爱护

一氧化碳中毒 是含碳物质燃烧不完全时的产物经呼吸道吸入引起中毒。一氧化碳与血红蛋白的亲合力比氧与血红蛋白的亲合力高，极易与血红蛋白结合，形成碳氧血红蛋白，使血红蛋白丧失携氧的能力和作用，造成组织窒息。对全身的组织细胞均有毒性作用，尤其对大脑皮质的影响最为严重。

幼苗，节省木料，炭烧好以后，总是叮嘱大家不要丢掉一根木炭，碎炭也不能丢。

在紧张的劳动中，张思德同志总是走在前头。

一个人每天砍伐十七八棵树就很可观了，可是他总是砍到二十多棵树。背炭时，别人一次背一包，他却一次背两包。

出窑是最紧张的时刻了，需要分秒必争。窑里温度很高，出慢一点，风一吹，整窑炭就会着火，化为灰烬。张思德常讲："出窑时必须跟消灭敌人一样，动作要快！"

每逢出窑，张思德同志自己总是先迅速钻进窑去，并且工作的时间最长。出来时满身漆黑，衣服全被汗水湿透了。同志们开玩笑地说他发疟（nüè）子了。

每当这时，山坡上、炭窑里，都会传出一阵阵喧闹、叫骂、欢笑和杂乱的声音。生活在这里的人们，有哪一个不以自己的生命，欢呼着自己的最大的快乐？又有哪一个不以自己的生命，背负着一个斗争的命运而唱出自己心灵中的一支劳动的歌？

天气一坏，张思德同志就担心起来。晚上，他根本睡不着觉，生怕雨水灌进烟囱，冲坏炭窑。

有一次，半夜下起了瓢泼大雨。张思德同志立即披上衣服，抄起铁锹，一口气跑到后沟，仔细检查炭窑。副班长陈耀和其他同志赶到时，他已经检查完三个窑。

看到战友来了，张思德亲切地责备说："你们不好好睡觉，来做什么！这儿有一个人还不成啊！"

几个人把全部炭窑检查完了，一起回到住处，天已将亮。张思德同志进了门，看到有些同志把被子蹬开了，急忙轻轻地给他们盖好，然后才躺下。天色发亮，他又照常和同志们一道上山。

有一天，张思德同志发现学生出身的战士张民权的情绪不高，就问他怎么了。他说："我砍的树少，粗的又扛不动，总落在大伙后头，自己心里别扭。"

张思德同志了解以后，就鼓励他说："明天，你就砍些细一点的树，好截又好扛。只要按照自己的体力努力干就行了，不要勉强，也不要不好意思。体力是逐渐锻炼出来的。"

以后，张思德同志总是分配他做些比较轻的活儿。又根据他的特点，分配他做些宣传教育工作，教生字、写标语等。

这样一来，张民权的心情舒畅了，工作搞得更好了。他说："班长真会关心人！"

这件事给了副班长陈耀很大的启发。当初刚到土黄沟的时候，张思德同志就再三叮嘱大家："开始时，重活要少干，先磨炼一下，往后再一天天增加工作量。"并且他还一再告诉副班长陈耀："要关心同志们的健康。"

有一次，副班长陈耀和战士申成兴等烧了一窑炭，打开一看，很多都没有烧透，出现了所谓的"羊角把"。他们感到十分难过，满以为这次非受批评不可。可张思德看了以后，微笑着说："烧得还不错。烧这么多窑，出现羊角把现象，总会有的。"

而后，张思德帮助他们具体地分析了烧不透的原因，并且诚恳地自我检查说："这一窑没烧好，主要应由我负责。"

张思德还一再鼓励大家说："不要怕，要继续烧下去，以后经验多了，就会好起来。"

听了张思德同志的话，大家的情绪立刻又振奋起来。

往山下背炭距离较长，大家都感到吃力。张思德同志看到这种情形，便拿起铁锹，在沿途搞了几个高台儿，让同志们中途休息。他还告诉大家，背炭时在背后垫些干草，以免磨坏肩膀。

张思德总是想尽办法让同志们中途休息好，可是他自己却很少中途休息。

对于大家政治上的进步，张思德同志非常关心。他见到同志们的缺点和错误，总是诚恳地指出，耐心地帮助，可是他又不以教育者自居。

张思德非常懂得尊重别人。他平等地看待每个同志，同志有意见，他总是让人家把话说完，虚心考虑。因此，大家都愿意和张思德同志一道工作。

在烧炭的时候，有个名叫张翠华的战士表现不够好，同志们都嫌他落后，张思德同志却总是耐心地团结他。后来，张翠华同志转变了，感激地说："这次多亏跟张思德同志在一起，不仅烧好了炭，也炼好了思想。"

张思德就是这样，干一行爱一行，率领大家苦战三个月，经过了伐树、打窑、烧火、出窑、捆扎等一道道繁重工序，把8万斤烧炭运回了延安，受到了表扬。

后来，张思德同志又带领战士们两次去土黄沟烧炭。每次都是七月去，十月以后回来。两次都出色地完成了党交给他们的光荣任务，受到了上级的嘉奖。

张思德懂得尊重人，他平等地看待每位同志，同志有意见，他总是让人家把话说完，虚心地听取。见到同志的缺点和错误，总是诚恳地指出，耐心地帮助，可是他又不以教育者自居。因此，大家都愿意和张思德同志一道工作。

我们在平时的生活中，一定要谦虚诚恳地听取别人的意见，要学会尊重人，这样才能得到别人的尊重。还要学会帮助人，才能得到别人的帮助。

革命工作到处有

　　"革命工作到处有，可得自己主动去做。"在这种正确的思想指导下，张思德同志在完成了本职工作之后，有点空闲时间就主动去找工作做……

　　张思德同志从来不计较个人得失，大家从来没有听见他有过什么个人要求，更没有看见他为个人什么事忧愁过。他时刻考虑着人民和同志们的疾苦，热情关心着战友们的成长。他处处为别人着想，对同志诚恳，热情，体贴入微。

　　1941年夏天的一个中午，同志们已经睡午觉了。张思德正在埋头看书，营首长进来了，叫把一封急件送到三连。

　　三连驻在杨家岭，有七八里路远。张思德完全可以派别的战士去，可是他没有叫醒别人，悄悄地拿上文件就出发了。

　　盛夏的晌午，烈日当空，照射在身上火辣辣的。延安的土道、山路也被太阳晒得滚烫。张思德不顾这一

杨家岭 是中共中央驻地旧址，位于延安城西北2千米处。1938年11月至1947年3月，毛泽东等中央领导和中共中央机关的所在地。这期间，中共中央继续指挥抗日战争敌后战场的工作并领导了解放战争，领导了大生产运动和整风运动，召开了党的"七大"和延安文艺座谈会。毛泽东在杨家岭窑洞前提出"一切反动派都是纸老虎"的著名论断。

切，快步向前跑去。到了杨家岭，已是汗如雨下，气喘吁吁……

一天，延河突然涨了大水。滚滚的河水，卷着泥沙，奔腾着，呼啸着，像是受了惊的马挣脱缰绳似的，猛烈地冲打着堤岸。

张思德同志从外边执行任务回来，看见延河岸边的球场上还有一副篮球架子。

"这是哪个单位的架子呢？一会儿，大水就要卷走它！不，不能让公家财产受到损失！"想到这里，他马上飞跑到班里，放下枪，叫通讯班的战士们去抢救。

当大家赶到的时候，大水已经快冲到球场。刚抬起篮球架，大水到了。张思德同志连衣服也没有脱，纵身跳到水里，冒着生命危险，拖住篮球架子，一直顺水漂出好远，才把球架抢救靠岸。在张思德的带动下，其他的同志也把另一个球架抢救上来。

副班长陈耀虽然不会水，可他站在岸上，看着张思德同志的英勇行为，心情也非常激动。他不禁想起在土黄沟烧炭时张思德经常对大家说的一句话：

革命工作到处有，可得自己主动去做。

眼前的事情不正是张思德同志说到做到的明证吗？"革命工作到处有，可得自己主动去做。"这里面包含着多么崇高的革命责任感啊！

正是在这种正确的思想指导下，不论环境多么艰苦，斗争多么紧张，张思德同志在完成了本职工作之后，一有点空闲时间就会主动去找工作做。

张思德经常深入厨房，帮助炊事班挑水、洗菜、劈柴、烧火；帮助饲养班锄草、垫圈、拌料、喂马；为警卫班打水、扫地、搬运训练器材，替人站岗放哨，本班的事更是样样少不了他。

张思德还经常给炊事员和饲养员们读报纸，教生字，讲长征故事。饲养员见到通讯班战士，常骄傲地说："张思德，不但是你们的班长，也是我们的班长！"

津贴 国家以货币形式定期给予军人的补偿性和鼓励性报酬，对鼓励军人从事特殊劳动和超额劳动，调动军人在本职岗位工作的积极性，安心服役，具有重要作用。军人津贴通常由国家最高行政机关或军队最高统帅机关以法规形式规定。现在中国人民解放军军人津贴主要有义务兵基本津贴、军人职业津贴、军人岗位津贴、地区津贴、教龄津贴、护士工龄津贴、院士津贴、政府特殊津贴等。此外，中国人民解放军以货币形式给予义务兵和供给制学员的零用费也称为津贴。义务兵津贴按上等兵、列兵军衔和服役年限发给，供给制学员津贴按学年确定。

春天易发病症，张思德就上山采些草药，为同志们预防疾病；夏天蚊虫多，他就到野外割些蒿草打成草绳点燃驱蚊；冬天北方十分寒冷，他就主动进山烧制木炭，为同志们取暖。

张思德把自己得的奖品送给战士们用，把上面发的衣服和新鞋给同志们穿，自己却打草鞋穿。有的同志病了，他就用自己的津贴费买些鸡蛋，做病号饭送到床前。

连里有个哑巴炊事员老王，是长征过来的，在部队多年，工作很卖力。一个冬天的早晨，张思德起床以后，看到老王担水上山很吃力，走路一瘸一拐的，就立即拉他到了伙房，搬过来一个榆木疙瘩，扶他坐下，并迅速伸手就给他脱鞋。

老王没拦住，鞋被脱下来了，原来那一双脚上冻裂了好几条大口子，渗着血。张思德烧了一盆热水，替老王把脚洗干净，涂上一些猪油，又把自己的毛袜子给他穿上。

过后，张思德从老乡那里打听到一个土方：把土豆捣成糊糊涂在口子上，可以治冻疮。于是，他一连几天，给老王洗脚，涂土豆糊糊，直到口子完全好了为止。这位炊事员很感动，逢人就跷起大拇指称赞张思德。

星期天，对张思德同志来说，是更加忙碌的日子。他不是

> **炊事员** 军队中特指负责饮食制作、前送与分发的人员，按就餐人数一定比例编配。基层伙食单位通常保持一名有等级厨师水平的炊事员作为炊事骨干。选配的炊事员一般由后勤部门组织短期集训。炊事员由士兵担任，要求身体健康，具有一定军事素质，懂得食品和营养卫生知识，了解伙食标准，掌握烹调技术，能够用好、管好饮食装备器材，需要努力提高饮食质量和战时饮食保障能力。中国历史上军队中的炊事员曾称炊家子、火头军、伙夫、炊事兵等。

帮助战士补衣服，打草鞋，便是帮助老乡下地干活。总之，他在星期天要做的工作太多了。

夏天，蚊子特别多，大家没有蚊帐，晚上咬得睡不着。

有的同志开玩笑说："睡觉睡不好，蚊子到处咬，伸手抓一把，不知有多少。"

张思德同志看到这种情形，星期天便上山拔了好多蒿子，拧成绳子，晒干了，供大家晚上点燃了熏蚊子。

大家看见张思德同志总是闲不住地干活儿，真有些心疼，常常劝他

休息。他笑着说："只做了这么点儿工作，算不了什么。就是再多干点儿也累不坏的。"

那时，被子很少。开始时，两个人发一床被，后来，虽然每个人发一床，但是因为没有褥子，常常还是两个人合作，铺一床，盖一床。陈耀和张思德同志经常合盖一床被子。睡觉时，他总是给陈耀多盖些，自己少盖些。被子脏了，他总是抢先拆洗。

张思德同志常常给大家打草鞋，补衣服，织袜子。战士们的脏衣服一脱下来，有时不见了，仔细寻找，才发现张思德同志已经洗得干干净净。

有的同志病了，张思德照顾得比亲人还周到。有一次，有个同志病得起不了床，张思德每天热情地背着他去大小便。

有时，通讯班远离部队单独执行任务，张思德同志为了活跃大家的生活，还用土豆刻出梅花等扑克模子，印在桦树皮上，做成扑克牌，让大家娱乐。

勤务班有个小同志叫刘和忠，不爱学习，工作也不怎么好，一有时间就抱着个篮球玩。

张思德同志看到后，热情地劝告他好好工作，抓紧学习。不想，刘和忠却把脸一板，说："你又不是我的班长，你管不着！"说着，头也不回便跑开了。的确，刘和忠同志在勤务班，张思德同志是通信班班长，是管不着他。张思德同志碰了钉子，并不介意。

张思德了解到，刘和忠是家里最小的一个孩子，从小有些娇气，便在生活上多接近他，工作上多影响他。早上，张思德同志帮助他打水；上山背柴，张思德同志又帮他捆柴，慢慢地和他交上了朋友。

张思德同志和他谈心，耐心地教育他：

　　年轻的时候应该抓紧学习。学习好本领才能更好地为人民工作，将来也才能适应革命发展的需要。

　　张思德同志还从包袱里把自己精心保存了几年的笔记本送给了他。后来，刘和忠同志终于成了一个积极进步的好同志、好战士。

　　张思德心里时刻想着老百姓，经常抽时间到通讯班附近老百姓家收割庄稼，锄草，推磨，修路，修水井，挑水，打扫院子，啥活都干。有一次，他看见小河上的桥坏了，老乡们来往非常不方便，就主动带着战士们去修理。

　　有一天，吃午饭时屋外传来一声凄惨的喊叫声，是一只恶狼闯进老乡院子叼住了孩子。张思德立刻提上枪冲出门外，开枪怕伤着孩子，就

飞速赶上去一把抓住狼的尾巴，猛力一拳击中狼背。

狼放下孩子猛回头直扑张思德，张思德眼疾手快，一刺刀刺中恶狼，又补上一枪，打死了恶狼，并及时口对口进行人工呼吸，救活了孩子。孩子的父母十分感动地说："谢谢你，毛主席朱总司令的好战士！"

一次外出执勤，张思德在途中遇到一位老大娘背着一大捆柴，感觉很沉重，走路摇晃。他立即上前接过老大娘的柴帮她背回家。这以后，他把老大娘当作自己的亲娘，常去看望，帮着种庄稼，做家务。

感 悟

在张思德眼里，革命工作到处有。正是在这种正确思想指导下，不论环境多么艰苦，斗争多么紧张，他在完成了本职工作之后，一有点空闲时间就主动去找工作做。

因此，我们在日常的学习和生活之余，不妨多找点事情做，这样会让自己的生活更加充实，会让自己多为社会做一些贡献。

在南泥湾开荒种地

深秋季节，张思德随警卫营开赴南泥湾。南泥湾山坡上的土都是红胶泥土，非常硬，镢（jué）头抡下去，"咚咚"作响，震得双手生疼。张思德同志不停地抡着镢头……

1941年，敌后人民到了抗日战争最困难的时期。为了克服敌人封锁带来的经济困难，毛泽东发出了"自己动手，丰衣足食"的号召，陕甘宁边区掀起了轰轰烈烈的大生产运动。

深秋季节，张思德随警卫营开赴南泥湾，战士们响应毛主席的号召，向荒山要粮，以战胜由于日本帝国主义和国民党反动派经济封锁造成的严重困难。

南泥湾离延安九十多里，周围全是高山，山下只有极少数人家。刚到南泥湾，大家连住处都没有。于是，张思德同志领着大家用树枝搭起了三角棚，割些野草当作铺草，晚上大家挤在棚子里睡觉，一躺下就能看见星星。

当时吃的更是困难，根本没

大生产运动 指抗日战争期间中国共产党在其控制区域内发动的一场军队屯田和鼓励生产的群众运动。通过这场以自给为目标的大规模生产自救运动，中共控制区域基本实现了经济自给自足。大生产运动不仅支持了艰苦的抗战，而且积累了经济建设的经验，培养了一批干部，使他们不仅会进行革命战争，也学会发展生产，进行经济建设，实现自我发展。

有菜吃，用盐水下饭，盐也很缺。张思德常常对战士们讲：

> 现在咱们虽然没有住处，没有菜吃，可是有了敬爱的领
> 袖毛主席的正确领导，什么困难都能克服。

南泥湾的气温要比延安低得多。虽然才是深秋，可是夜晚已感到寒气逼人。为了过冬，部队首长要求各个连队尽快住进窑洞。张思德同志打窑洞是个内行，成了大家的技术指导。

张思德领着大家选好地形，动手打窑。当时打窑的工具，除了镢头是从延安带来的以外，小车、土筐等都是自己动手制作的。

南泥湾山坡上的土都是红胶泥土，非常硬，镢头抡下去，"咚咚"作响，震得双手生疼。张思德同志不停地抡着镢头，手上磨出血泡也不肯休息。

同志们非常心疼，于是上前夺过张思德的镢头。可是他又立即驾起小车推土。遇到土块很大，车推不动时，他便让大家把土块抬到他背上，他背着扔到沟里去。洞口打出以后，他抢先钻进洞里工作。

天气逐渐冷了，可是张思德光着膀子干活，还浑身是汗。汗水和胶土结合在一起，紧紧地粘在他的身上。收工时，他完全变成了泥人，惹得大家哈哈大笑。

在南泥湾，除了茂密的原始森林之外，山地上长满了一大片一大片的狼牙刺，这就是开荒的地方。战士们把狼牙刺丛砍倒，然后点上火，顷刻间，满山烟火，迎风呼啸。风火过去，现出漆黑的平地。大家再翻出肥沃的黄土，进行耕种。

当时的工具很简陋，每人只有一把镢头，要跟荒山搏斗，非常困

难。张思德同志经常鼓舞大家:

开荒生产，多打粮食，不但为了改善生活，更重要的是，咱们积极响应毛主席号召，自己动手，自给自足，战胜敌人的经济封锁。

张思德同志不但这样讲，而且认真做。他用的镢头是别人挑剩下的一把，可是开荒地时，谁也比不过他。开荒的第一天，张思德同志就超过上级规定的指标，受到首长的表扬。大家深深地体会到:

张思德同志的革命意志非常坚决，这使他具有一种顽强的毅力，成为一副"钢筋铁骨"。

有这样好的班长走在前头，谁不斗志昂扬呢！每天天刚亮，大家就上山开荒，满山遍谷都响着镢头破土的声音。真是人勤地不懒，这一年庄稼长得十分茁壮，获得了大丰收。

后来，战士们又奉命到南泥湾东边的地方开荒生产。这里，除了原始山林，还有很多陷人的沼泽，长满了芦草，大家又住进用树枝搭的草棚里。有一天，半夜下了大雨，张思德同志马上把自己的被子张开给大家挡雨。可是雨下个不停，战士们都披上被子还是不成，最后都淋得像落汤鸡，身体弱的同志更是冷得哆嗦不停。

后来，还是张思德同志想了个办法，叫大家拿起铁锹，每个人靠山坡挖个能避雨的地方，大家躲进去，再下雨也不怕了。

感 悟

张思德用的镢头是别人挑剩下的一把，可是开荒地时，谁也比不过他。他不停地抢着镢头，手上磨出血泡也不肯休息。同志们非常心疼，于是上前夺过张思德的镢头。可是他又立即驾起小车推起土来。

有辛苦才有收获，我们要想在学习中取得好成绩，也要平时多努力。我们一定要懂得：宝剑锋从磨砺出，梅花香自苦寒来。

艰苦朴素美名扬

困难时期，节约每一寸布、一粒粮、一个铜板都是为了抗战。张思德坚持时时事事都做到从这个大局出发，发扬红军艰苦奋斗的革命传统，生活十分艰苦朴素。

张思德的棉衣已经穿破，烂得几乎没法拆补了。几次轮到他换棉衣，他执意不肯换，大家都劝他领件新的。可是他说："不用领，我拆补一下，还可以再穿两年。"

后来，张思德费尽千针万线，补丁打补丁，还是把那件破棉衣拆补

成了，并且果真又穿了两年。

延安，都是土道和山路，石头很多。通讯班时常外出执行任务，上山生产，因此，鞋子穿得很费。可是，每当发鞋时，张思德都不要。他说：

> 我会打草鞋。我少要一双鞋，老乡就可以减轻一双鞋的负担。

其实张思德同志的鞋都是补了又补的。烂的地方，就垫些干草或树皮，凑合着穿。烂得实在不能穿了，他也舍不得丢掉，总是拆下来，洗净，晒干，加点破布条再穿。

为了省鞋，张思德同志经常赤着脚干活。他常常把自己破旧得不能再缝补的线袜子和别人扔掉的破袜子拆开、洗净，织好再穿，或者分送给同志们。

张思德有个搪（táng）瓷碗，还是在长征时候带过来的。搪瓷几乎已经掉光了，里外都是坑坑疤疤的，已经破旧得不像样子了，但是他还是舍不得丢掉。

搪瓷 又称珐琅（fà láng），是将无机玻璃质材料通过熔融凝于基体金属上并与金属牢固结合在一起的一种复合材料。搪瓷碗就是将无机玻璃质材料通过熔融凝于基体金属上并与金属牢固结合在一起的一种复合材料制作的碗。

有一次，通讯班发了新搪瓷碗。张思德却把新的送给了别的同志，自己却依然使用那个旧的。

张思德同志还有支很旧的自来水钢笔，笔尖已经又短又粗，写出的字几乎有毛笔字小楷那么大，他还是照常使用。笔尖太粗了，就自己磨一磨。他很爱惜这支笔，还给钢笔做了个小布口袋。

1941年至1942年，是敌后抗日根据地最困难的时期。那时吃粮都很困难，一个时期连小米也没有，只能吃到一些生了芽儿的麦子。因为粮食不足，战士们饭都吃不饱。

而且，通信班大都是年轻人，经常走远路外出送信，饭量都比较大，从食堂打回来的饭根本不够吃。

> **敌后抗日根据地** 抗日战争时期，中国共产党领导的八路军、新四军、华南人民抗日游击队和其他抗日军队，在日本侵略军占领的广大地区内，广泛地发动、组织和武装群众，开展游击战争，组织抗日政权，使这些地区成为坚持敌后抗战的根据地。抗日根据地主要包括晋察冀、晋绥、晋冀豫、冀鲁豫、山东、苏南、皖东等。这些抗日根据地成为1938年以后很长一段时间的抗日主要战场之一。

张思德同志一看到大家都不够吃，便拿起水桶出去打开水，实际上是借此躲开，好让同志们能够多吃一些。

张思德曾经对副班长陈耀说："新同志们刚参军不久，正是成长的时候。要让他们多吃点，把身体搞好，好适应战斗的需要。我少吃点也是一样。"

一次、两次同志们没有注意，但是时间一长，张思德的这个秘密行动就被大家发现了。因为吃的菜少，有时甚至没有菜吃，张思德就经常利用休息时间去挖野菜，采野果，或者打几只山鸡，想办法给大家改善生活。

一个星期天，张思德跑出几十里，从一个有鱼的水坑里，捞了不少小鱼。他拿回来，晒成鱼干。没有油，他就用火烤好，让大家美美地来了一顿"会餐"。

大家吃得很香，张思德同志照例又拿起水桶打水去了。可是这回水桶让副班长先拿走了，他只好转身回来。自己碗里不知道谁给放了几个黑面馍（mó）馍。他明白了，这是同志们想让他多吃一些。

张思德故意细嚼慢咽，好半天才吃了半个馍馍，剩下的放回盆里，刚要走开，被战士小韩一把拉住了。

"班长，你别再瞒着我们了，我们都知道了。"

"我吃饱了。"

小韩把张思德拽回来，把那几个馍馍硬塞给他说："班长，咱们有福同享，有难同当，你不要一个人饿着肚子，省下来让我们吃。你还要干那么多活啊！"

张思德见实在推不开了，就把几个馍馍掰成十二份，全班每人一份，才平息了这场"风波"。

对于张思德同志的这种艰苦朴素、先人后己的作风，副班长陈耀非常钦佩，他常常问张思德："你为什么总是这样省吃俭用，穿得缝缝补补的？"

张思德解释说："我过去的生活比现在苦得多，当上红军，我觉得生活幸福多了。"

张思德还说：

> 现在比咱们穿得破烂的人还多得很，全国还有千千万万的劳动人民没有解放。革命也还非常困难，每个人都注意节约一点儿，就能为革命解决好大问题。再说咱们是共产党员，

应该像毛主席教导的，吃苦在前，享受在后。咱们应当多想人民，多做工作，不要考虑个人生活。

张思德同志艰苦朴素的作风和高度的阶级觉悟，给战友们留下了极其深刻的印象。

> **阶级觉悟** 又称"政治觉悟"，是被剥削的劳动群众或个人自我意识的程度。通常多指人们对无产阶级的阶级地位、根本利益和历史使命的认识和为革命事业而奋斗的自觉性。

感　悟

艰苦朴素、勤俭节约历来是中华民族的优良传统。我们的党从成立到现在，一步步成长壮大，成为值得人民群众信赖的党，一直提倡并发扬艰苦朴素、勤俭节约的优良传统。

因此，我们平时也要像张思德那样，保持艰苦朴素的生活作风，保持中华民族的优良传统，让艰苦朴素成为我们生活的一种信仰。

带领全班学知识

　　张思德同志自己的文化虽然不高，但他还是尽自己最大的力量帮助大家学习。早晚一有空儿，就教同志们读生字，写生字，或者学政治课本……

　　不管是上山烧炭，开荒生产，抢修工事，还是在家值勤，也不管是多么累，只要一有空儿，他就坚持学习，学文化，读报纸，念政治课本。张思德同志经常劝战士们说：

> **共产主义** 是人类最理想的社会制度，它在发展上分两个阶段，初级阶段是社会主义，高级阶段是共产主义。通常所说的共产主义，是指共产主义的高级阶段。在这个阶段，生产力高度发展，社会产品极为丰富，人们具有高度的思想觉悟，劳动成为生活的第一需要，消灭了三大差别，实行共产主义公有制，分配原则是"各尽所能，按需分配"。

　　要看得远些，看到将来。咱们的革命事业一天天在发展，将来还要到共产主义呢！将来，革命需要咱们做更多的工作。咱们一定要抓紧时间学习，不学习就要落后啊！

　　张思德这样劝告着别人，也如此要求着自己。出外生产时，一到休息时间，张思德就拿根木棒在地上练习写字。回到家里，吃了饭他又在自己做的沙盘上写着生字。

那时学习条件很差，边区几乎没有纸张，没有铅笔。不但最困难时期是这样，就是大生产运动开展以后，缺少纸和笔的问题也没有彻底解决。

那时，谁要是能拣到一些旧书本、旧报纸写字，就不知有多么高兴了。谁要有个像样子的学习本，或一支铅笔，就比什么都珍贵。

上级曾经奖给张思德同志几个笔记本，几支铅笔，他舍不得用，紧紧地包在包袱里。条件困难，并没有阻碍张思德的学习热情。

通讯班到土黄沟烧炭时，张思德发现很多桦树，便用桦树皮订了一些笔记本。

张思德同志还用旧铁盒，剪了个钢笔尖，找根木棒绑在一起，当蘸水钢笔用。后来，他又想办法用旧子弹壳制造了一种新式钢笔。

教员上文化课，或者指导员上政治课时，张思德同志总是先用笔在地上画写，画熟了，再用铅笔抄到桦树皮的笔记本上。

当时找灯油很困难，只发很少的一点，晚上没法学习。张思德便砍些柏树枝当蜡烛点。收割完大麻子以后，他又到地里拣些掉下的大麻子，把它串起来，也当蜡烛点。再不然，他就利用月光读书写字。没有桌子，就席地而坐，把本子放在双膝上写字，看书。

就这样，参军前仅在私塾断断续续读了半年书的张思德，没几年工夫就能写一般报告和代同志写信了。

那时，通讯班的多数同志都比张思德年纪小，一有空就贪玩，学习抓不紧。张思德总是苦口婆心地说服大家抓紧学习。

有一次，有个战士抱怨说："学习连个桌子也没有，真不方便。"

张思德同志就说："咱们每人不是都有自动桌子吗？"说着，他就

坐下来，在自己两个膝盖上写起字来，引得大家哈哈大笑。

有一年欢庆劳动节，张思德对大家说：

> 今年，咱们在延安庆祝"五一"，将来，咱们还不知要
> 到什么大城市去庆祝"五一"呢！革命事业要发展，需要咱们
> 作更多的工作。咱们可得抓紧时间学习啊！

张思德同志自己的文化虽然不高，但他还是尽自己的力量帮助大家学习。早晚一有空儿，就教同志们读生字，写生字，或者学政治课本，读《解放日报》。

起初，副班长的学习劲头不大，他就批评说："你连自己的名字都不会写，这还成啊！要知道，有了文化才能看报，才能懂得更多的革命

道理。"并且还握着他的手教他写"陈耀"两个字。

为了使陈耀有更多的学习时间，张思德经常代替他出差。就这样，陈耀用张思德同志送给自己的桦树皮本子、半支铅笔和一支木笔成功摘掉了文盲帽子。

张思德同志还组织班里文化好点儿的几个同志辅导大家学习。后来，通讯班终于形成了学习热潮，经常出现三人一堆儿，两人一伙儿地读报纸、写生字、学政治课本的新景象。

"五一" 指国际劳动节，又称"五一国际劳动节""国际示威游行日"，是世界上80多个国家的全国性节日。定在每年的五月一日。它是全世界劳动人民共同拥有的节日。1889年7月，由恩格斯领导的第二国际在巴黎举行代表大会。会议通过决议，规定1890年5月1日国际劳动者举行游行，并决定把5月1日这一天定为国际劳动节。中央人民政府政务院于1949年12月作出决定，将5月1日确定为劳动节。

感 悟

知识是人类进步的阶梯，学习是提高我们能力的基本途径。中国共产党是一个既重视学习又善于学习的政党，总是把加强学习作为关系党和人民事业兴衰成败的战略举措。

我们也要像张思德同志那样，重视学习、善于学习，并尽力帮助其他人学习，争取早日成为国家的有用人才，为建设祖国贡献力量。

忠于职守的警卫员

张思德平时工作主动，非常勤奋，哪里需要就在哪里出现，哪里有困难哪里就有他的身影。他还因此两次巧遇毛泽东主席……

1941年隆冬季节，张思德与两个战士从杨家岭前往新安场执行公务。路过石砭时，看到一辆小汽车正陷在磨沟的冰窟窿（kū long）里动弹不得。他马上奔过去，不顾寒冷刺骨踏进冰水里，与战友一起用力把车推离了冰窟窿。

这辆车正是毛泽东乘坐的，毛泽东询问后记下了张思德的名字，感谢并称赞道："同志啊，你是路见不平奋力相助，这种精神，值得学习哩！"

1942年春天，杨家岭修建大礼堂的施工中发生了险情，张思德运足力气硬是用肩顶住了大梁，使下面的战士避免了伤害，他自己却受了伤。

路过这里的毛泽东发现了，立即吩咐把受伤的张思德抬到自己的窑洞里，俯身关切地问询伤势时，认出了张思德，亲切地说："老朋友，是你呀，张思德同志！"

1942年10月，中央军委警卫营与中央教导队合并为中央警备团。不久，张思德被调去内卫班当战士。

当了多年班长降为战士了，而与他同时入伍的大都当了干部，有的已是团级首长了。张思德却二话没说，坚决服从，并保证干好，他说："当班长是革命需要，当战士也是革命需要。"

给中央领导当警卫，责任重大。队长找到张思德，对他说："张思德同志，咱们队的任务很重，责任也很大，工作也很辛苦啊！"

没等队长说完，张思德就抢着说："队长，我不怕苦，我能吃苦，你放心，我什么都能做好。"

的确，张思德说到做到。作为一个警卫战士，除了要有对党、对首长无限忠诚和勇于献身的精神外，还要有高度的警惕性，要有能灵活机动地处置各种复杂情况的能力。

张思德深知自己肩上的责任重大，他警惕性很高，在执勤的时候，严密注意周围情况。他的枪总是跟着人，人到哪里，枪到哪里，保证了每项警卫任务圆满完成。张思德对武器十分爱护，他的枪总是擦得干干净净。

张思德在工作上从来不计较、不挑拣，不论在任何艰苦的情况下，没有叫过一声苦。他总是有说有笑，非常乐观，像所有的革命战士一样，对革命、对胜利充满了信心。

张思德干一行爱一行，能上能下。他从前当过班长，由于工作的需要，组织上调他当战士，他没有怨言，愉快地服从。他对别人说："班长和战士的职责不同，但为党工作是一样的。"张思德的言行，充分体现出他的高尚品质。

给毛主席站岗放哨，保卫毛主席，张思德兴奋而自豪，他深感责任重大，以加倍的勤奋、细致，周到地做好本职。为了使毛主席能愉快地工作和生活，他把全部心血都倾注到照料主席的生活和警卫工作上。他常说，毛主席的安危关系到中国革命的成败，热爱领袖就是热爱革命。

张思德平常给人的感觉是老实木讷（nè），其实他很内秀，工作肯动脑筋，打仗也很勇敢，有"小老虎"之称，因此，才被挑选当通讯员，并担任中央最高领导的警卫。

张思德每天都把毛泽东窑洞前的院子打扫得干干净净，并把常走的土路上的坑坑洼洼垫平。他主动为毛泽东的驻地挖排水沟，修补窑洞，保证主席有个好的工作和生活环境。

为了保证毛泽东等中央领导能喝到新鲜牛奶，一段时间里，张思德每天清晨骑马到往返数十里的农场取牛奶。每逢主席外出，需要带的保温瓶、茶缸、马灯等，他都一丝不苟地准备好。

毛泽东有个习惯，写文章彻夜不眠，天亮后才躺一会儿。为了让毛泽东多休息一会儿，每逢主席熬夜时，张思德就早早起床，到主席住的窑洞附近查看。

如果发现早起觅食的鸡和狗，听到鸟儿在树上叽喳（jī zhā），张

思德就悄悄地把它们赶走，以防吵醒主席。若有人求见主席，只要情况不紧急，就说服他们等一会儿再来。

晚上，在主席驻地巡逻，张思德总是机警地注视周围的一切动静。为做到万无一失，保证主席的绝对安全，他提出了"带班员巡岗制"的建议，得到了首长的采纳。

张思德还发明了"控绳拉铃"的通讯方法，在院子的树上系一根细绳子，绳子的一端通向警卫班宿舍，上面挂一个小铃铛，如哨兵发现情况，只要一拉绳子，警卫班就可以立即出动，又不会打搅毛主席休息。

陈嘉庚 （1874年10月21日—1961年8月12日），福建省泉州府同安县集美社人。爱国华侨领袖、企业家、教育家、慈善家、社会活动家。1913年，陈嘉庚回到家乡集美，先后创办了集美小学、集美中学、集美大学和厦门大学。一生为辛亥革命、民族教育、抗日战争、解放战争、新中国的建设作出了不朽贡献。曾被毛泽东称誉为"华侨旗帜、民族光辉"。2009年，陈嘉庚当选100位为新中国成立作出突出贡献的英雄模范人物。2019年9月25日，入选"最美奋斗者"个人名单。

张思德打过仗，负过伤，开过荒，纺过纱，烧过炭，从战士到班长，再从班长到战士，一切从工作的需要出发，干一行爱一行，给了毛泽东深刻印象，他十分喜欢这个沉默寡言、吃苦耐劳、不计个人名利的警卫战士。

这年夏天，延水河发洪水，汽车行至河中，发动机被水淹熄火，张思德就上前把毛泽东从车上接下来，护卫着主席徒步到杨家岭讲课。

毛泽东乘坐的黑色轿车是爱国华侨陈嘉庚先生赠送的，车身宽大，可以坐十个人。车后有个专供警卫人员站立的踏板。为了毛泽东同志的安全，每逢出车，车后都站有一个战士担任警戒，以防万一。站在车后担任警戒，要比坐在车里辛苦得多。夏天，车后尘土飞扬，呛得人喘不过气来，满身是尘土；冬天车后寒风凛冽，冻得人手脚发麻。但每次毛泽东外出，张思德总是抢先站在车后担任警戒。乘车时，本可放下耳帽，但他怕影响警戒，总是把耳帽向上翻起，脸被冻得青一块紫一块，内卫班的同志过意不去，一再要替换他，而张思德总是那句老话"我喜欢冷风吹"。

那时警卫队不仅担负毛泽东、朱德、周恩来、任弼时等首长驻地的警卫工作，还要担负这些首长的送信、送文件工作。警卫队也和其他连队一样，不仅要完成分配给自己的生产任务，还要帮助完成分配给这些首长的生产任务。

张思德不论是站岗放哨，还是送信、送文件、搞生产，样样都非常出色。就拿送信件的工作来说，时间上没有保证，有时很早，有时很晚，有时路途又很远。有一次，张思德执行送信的任务，天还没有亮就出发了。回来的时候，大家已经吃过早饭，炊事班也和部队去搞生产了。一般像这样的情况，张思德回来后，应该先吃饭，休息一下，再去干其他工作。可是赶巧，那天伙房没饭了。要现做吧，就要耽误时间，耽误生产，他索性就饿着肚子，没有休息就赶去参加生产。

冬天修桥，张思德不顾天冷水凉，带头跳进水里去干活。进山打窑洞，不论是推土还是背石头，他总是比别人推得多、背得重。

张思德关心同志、帮助同志的故事很多，说也说不完。他总是心里想着同志，充分体现了他全心全意为人民服务的高尚思想。

张思德同人民群众有着深厚的感情。他每到一个地方，就和那里的

群众打成一片，帮助他们挑水、扫院子、喂牲口、收割庄稼。张思德严格遵守群众纪律，发扬了我军的爱民传统，体现了人民军队的本色，老乡们都称赞他是个好同志。

在团结友爱、帮助同志方面，张思德也做得很出色，他当班长的时候，经常帮助战士站岗；行军的时候帮助同志扛枪、背东西。为照顾战士们的休息，每到宿营地后，他给战士们烧洗脚水，还经常帮助炊事班烧火做饭，总之他是一个闲不住的人。

有一天晚上，下着大雨，因为白天劳动很疲劳，大家都睡熟了。张思德刚要休息，首长送来一封急件，要送到距离宿营地十六七里路远的桥儿沟，他为了让其他同志休息好，自己一个人冒着大雨，在道路泥泞和地形复杂的情况下，完成了这次艰巨的任务。

在生活上，张思德对同志们关心体贴，在政治上更是关心大家的进步。他经常督促和帮助同志们学习毛主席的讲话，学习中央的有关政策，同志们政治上有进步，他高兴，鼓励大家再接再厉。有同志有了缺点和错误，他主动接近，促膝谈心，使有缺点的同志能够愉快地接受批评，改正缺点。

对于来自同志们的建议和批评，张思德总是虚心接受，认真考虑，加以改正。他经常说：

> 我还有许多缺点，要用整风文件和古田会议决议精神武装自己的头脑，提高政治水平，改进思想，改进工作。

整风 即整顿党的作风，是在全党范围内通过批评与自我批评进行马克思主义教育、解决党内思想矛盾的一种形式。通过整风，纠正各种不良作风和现象，统一思想，进一步实现党在思想上、组织上的高度一致。中国共产党最早的整风，是1942年到1945年初毛泽东倡导的延安整风运动，在全党确立了毛泽东思想的指导地位，提高了全党的思想理论水平，实现了全党在思想上、政治上、组织上的空前统一。

大家都说张思德是一个谦虚谨慎、平易近人的好同志。张思德有高度的组织纪律观念和批评与自我批评精神，他当时是党小组组长，对小组生活和汇报制度抓得很紧。他对上级和同志有意见都是当面提出来，从不在背后乱说。

当时警卫队里人员比较少，没有建立经委会，只有队长一个人管理经济开支。张思德诚恳地说："队长，你一个人管经济不方便，还是成立个经济委员会比较好。"在他的倡议下，警卫队里成立了一个由三个人参加的经济委员会，充分发扬了民主精神。

张思德的模范行为对警卫队的影响很大，同志们都以他为榜样，向他学习。在他积极向上的精神带动下，警卫队的工作，不论是完成警卫任务，还是完成生产任务，都走在全团的前列。

感　悟

忠于职守就要敢于负责，问题面前不回避，压力面前不躲闪，困难面前不推脱，平时工作看得出来，关键时刻站得出来，危急关头豁得出来。给毛主席站岗放哨，保卫毛主席，责任重大，但是张思德忠于职守，以加倍的勤奋和细致，周到地做好了本职工作。

因此，我们只有忠于职守，才能干好事业、履行使命，这是工作职责所系，也是人生价值所在。我们也要从小学会忠于职守，做一个敢于负责的人。

一双珍贵的白球鞋

张思德平时总穿着草鞋，布鞋都难得穿一次，非常艰苦朴素。不过，让大家想不到的是，他却珍藏着一双漂亮的白球鞋。这双鞋是从哪里来的呢？

在物质生活上，张思德总是先人后己。有一次，部队发放衣服，他知道后就有意请假走开了。他为什么这样做呢？原来，那时由于敌人的封锁，物资比较困难，衣服大号的少，小号的多；鞋子也是一样，大的少，小的多。要想每人都发到合适的，很难做到。

张思德请假走开，就是为了让其他同志能领到比较满意的服装，最后剩下什么，他就要什么，衣服大一点小一点，他就自己动手改一改。

张思德舍不得穿新衣服，都是留着执行任务的时候穿，平时穿的是打了很多补丁的旧衣服。节约下来的衣服和鞋子，常常送给同志们穿。有一次，他领到了一双小号的鞋子，自己穿不了，就送给一个小同志穿了。

当时布鞋很少，大家都舍不得穿，谁要是有一双胶鞋，那简直像宝贝一样，穿一两天就赶快脱下来洗干净放进包袱里。所以，大家平时一般穿草鞋比较多。

张思德打得一手好草鞋，既结实又好看，花样还很多，大家都愿意穿他打的草鞋。谁找他打草鞋，他都会有求必应，经常牺牲自己的休息时间为同志们打草鞋。

当时，警卫队里的同志很多人穿着张思德打的草鞋。毛泽东看见战士们穿的草鞋，就问他们："你们的草鞋这么漂亮，是谁打的？"

战士们就告诉他："是张思德给我们打的。"所以，毛泽东也知道张思德打得一手好草鞋。

张思德平时总穿着草鞋，非常艰苦朴素。让大家想不到的是，他却珍藏着一双漂亮的白球鞋。这双鞋是从哪里来的呢？

延安时期，警卫队除了警卫任务和生产任务外，就是学习。为了保持部队的战斗力，组织上经常开展警卫工作、生产运动等各类竞赛，业余时间也开展体育比赛，用这些方式来激发部队的斗志。

那时部队业余活动主要是打篮球，而且开展得很普及。朱德总司令也很重视和支持这项运动，他经常在业余时间里和战士们打篮球，还指导他们如何打好球。

警卫队和其他单位打比赛的时候，朱德还主动担任教练，当他看到对方实力不如警卫队时就讲："你们不要赢人家那么多，他们没有时间练习。"遇到了强队，他会认真组织，研究如何战胜对手，当场上和场下的战士们为了助威都嗷（áo）嗷大叫的时候，他也会大笑起来。

张思德是个大个子，他喜欢打篮球，而且打得也不错，他还因打篮球获得了一双白球鞋的奖励，但是这双鞋他一直舍不得穿，一直像宝贝一样珍藏着。

有一天，张思德的鞋洗了，就穿上这双球鞋，在毛泽东驻地门前上哨。毛泽东从外面回来，看见他脚上穿着一双新的白球鞋，就有些不高兴，问："你这双球鞋很漂亮，是从哪里来的？"

古远兴（1917年4月—2011年4月12日），原名刘义文，江西省赣州市兴国县江背镇果源村人。1917年4月出生，1933年8月参加中国工农红军，1935年7月加入中国共产党。历任毛泽东警卫员、警卫队队长、中央军委后勤部中央警备团副参谋长，警卫一师参谋长、副师长，公安中央纵队二师副参谋长，公安部中央警卫团副团长。1966年至1981年任中共中央办公厅警卫局副局长等职，第五届全国政协特邀委员。1988年被授予二级红星功勋荣誉章。

因为毛泽东是一个讨厌铺张浪费的人，他看见以往穿带补丁的衣服，穿旧布鞋或草鞋的张思德，忽然穿了一双这么好的鞋子，还以为张思德思想上发生了什么变化。

警卫队队长古远兴在主席后面，听了主席的话，知道主席误会了张思德，他赶快上前向毛主席解释。

古远兴说："这双鞋是张思德同志参加边区篮球比赛，奖给他的。"

主席听后，笑笑点了点头走了过去。

过了两天，毛泽东从外面回来，又是张思德上哨。这次张思德脚上穿的是一双旧布鞋。

毛泽东故意逗张思德："你那双白球鞋怎么不穿了，是不是舍不得穿，又放了起来。"

张思德叫主席这么一说不好意思了，低着头笑。主席看到他那样子，也大笑了起来。

感 悟

一双普通的白球鞋，张思德却珍藏起来，舍不得拿出来穿，这一方面说明了当时物质条件的匮乏，另一方面也能看出来他是多么艰苦朴素。

一双白球鞋，对于我们现代人来说，也许不算什么，但是我们一定不能忘记，幸福生活来之不易，正是无数像张思德那样艰苦奋斗的共产党人，才有了我们的新中国。我们一定要懂得珍惜现在的生活，要继续保持艰苦奋斗的优良传统。

为革命献出宝贵生命

快到中午时分，一眼炭窑就要挖成了。为了保证质量，张思德拿着小镢头开始修整窑面，突然，窑顶上"啪啪"掉下几片碎土……

1944年，抗日战争进入了第七个年头。这年春天，张思德已经在毛主席身边站岗10个月。他响应组织号召来到距离延安70多里的安塞（sāi）县石峡峪庄开荒种地，担任农场的副队长。

在开荒生产中，张思德总是哪里最苦最累，就带头在哪里干。打井、修路、种地、挖窑，他都跑在前头，每天早出晚归。

逢到假日，张思德总是留下来看家，整理院子、修理工具、牵上骡子到五六里远的山沟里驮水，回来把同志们没洗的衣服一件件找来洗净、晒干。

到了农忙的时候，张思德就带领大家帮助附近的老乡，特别是帮助那些劳力少或家里有病人的农户干活。几个月以后，眼看着谷子、糜（méi）子、玉米等作物天天长高、长大，战士们都特别高兴。

这时，中共中央决定于1945年4月召开第七次全国代表大会，大会的后勤保障提前进行，其中的一项是储备大批木炭，供700多个代表的燃料之用。

为此，中央决定组建一个烧炭小队完成此项任务。那时会烧木炭、打窑的人不多，警卫队就派张思德、王玉森、石仓等同志到陕北安塞去烧炭，因为他们三个人过去都烧过木炭。

烧炭要有一定的经验，火大了木头就烧成灰了；提前撤火，木炭就是生的，用这样的木炭就像烧木头一样，屋子里全是烟。张思德烧炭是很有经验的，他打的炭窑和烟道很好用，也就保证了烧出炭的质量。

> 中国共产党第七次全国代表大会 于1945年4月23日至6月11日在延安杨家岭中央大礼堂举行。任弼时主持开幕式，毛泽东致开幕词和闭幕词，并作了《论联合政府》的书面政治报告。七大历时50天，是党在民主主义革命时期极其重要的一次代表大会，为迎接抗日战争的胜利和新民主主义革命在全国的胜利，奠定了政治上、思想上、组织上的基础。

当队长问张思德有什么困难时，张思德坚定地回答：

请领导和同志们放心，我是共产党员，为人民的利益，就是拼出命，也要把炭烧好！

革命的需要就是自己的志愿。张思德二话没说，愉快地接受任务，打起背包去了。一到林区，张思德就把战士们分成两个组，一个组负责挖炭窑，一个组负责砍伐青冈树备料。

紧张的劳动开始了，乒乒乓乓的伐木声、咚咚的挖窑声、"嘿！嘿！"的号子声……汇成了一曲曲动人的交响乐。他们干得很苦，但也很开心。

他们烧炭小队在一个地方烧了五六万斤炭后，由于附近的树木不多了，于是转移到新的地方继续烧炭。张思德领着战士起早贪黑，提前挖成两眼窑，将砍倒的青冈树的树枝、树干锯成短节背到窑前。

富有烧制木炭经验的张思德又开始了艰苦的装窑工作，装好一眼后就点火烧制，紧接着装、点二眼和三眼……烧炭是个技术活，火要烧得均匀，压火要到火候。压早了，烧的尽是"生头"，劳而无功；压迟了，烧成灰烬，前功尽弃。

为了掌握好火候，张思德吃住在窑旁。白天，他巡回各窑，加柴续火，掌握火势。晚上，要起来好几次，爬上一个又一个窑顶观察烟色判断火候。

当时，没有照明工具，张思德就进山割来一些"牛条打根"的小灌木，放到窑边烘干，晚上用它照明。这种灌木油性强，点燃后火燃得很旺，不怕风吹。

为了多烧炭，抢时间，把烧炭周期由十天缩短到七天，压火后木炭还未完全冷却就出炭。出炭时，窑内温度很高，有的木炭还有火星儿。而每次出炭，张思德总是抢先钻到窑的最里面捡木炭，手里包的破布着火了，他就用手搓熄后继续干。

战士们见他大汗淋漓，脸被烤得通红，一再请求和他交换一下位置干，但他总是执意不肯。在他的感召下，同志们夜以继日地苦干，仅用一个月时间就烧炭五万多斤，超额完成了任务。

木炭烧好后，张思德又带领大伙，用杨树条把木炭打成捆，背到石峡峪村。5万多斤炭放在村头，像一座小山。大家看着这些劳动成果，心里乐开了花。

1944年9月5日，一大早下起了毛毛雨，地皮湿漉漉的。地里的活儿干不成了，大伙儿都建议争取时间多打窑，多烧炭。队长和张思德商量以后，决定临时组织一个突击队，进山赶挖几个新窑。

张思德带着几个战士，精神焕发，干劲十足，一路唱着歌到了庙河沟的山林。沾满露水的青冈树叶显得鲜红欲滴，高大的白桦、松树更加挺拔。

张思德将战士们分成三个组，分散在三个地方挖窑。张思德和王玉森、石仓几个人一组，合作很默契，干得特别起劲。

窑越挖越深了，但是，里面还是直不起腰。张思德和王玉森钻在里面，猫着腰，累得满头大汗。石仓蹲在洞口朝里边喊："组长，出来歇歇，让我进去干会儿吧！"

> **白桦**　落叶乔木，树干可达25米高，50厘米粗。有白色光滑像纸一样的树皮，可分层剥下来，用铅笔还可以在剥下薄薄的树皮上面写字。白桦喜欢阳光，生命力强，在大火烧毁的森林里，火后首先生长出来的经常是白桦，常形成大片的白桦林，是形成天然林的主要树种之一。木材可供一般建筑及制作器、具之用，树皮可提桦油。

"不用了！"张思德总是这样照顾别的同志。

这时，天空更加阴沉，牛毛细雨越下越大。张思德赶紧从窑洞里钻出来，把一条背炭用的麻袋披在石仓身上。

石仓说："天气凉，你也披一条嘛！"

张思德说："我不要紧！"说着，张思德拿上两条麻袋，向山后沟走去。

几个战士见张思德给送来了"雨具"，干得更欢了。他们喊道：

　　小雨大干，大雨猛干，不下雨拼命干，保证今天挖好窑！

　　张思德也高兴地说："好哇！"说着，把麻袋递到了战士们的手里，顶着雨回到自己干活的地方，和王玉森、石仓一起继续挖窑。

　　石仓请求说："这回让我进去挖一会儿吧！"

　　张思德见外面还在下雨，窑里也能容下三个人了，就说："好，进去多注意！"

　　石仓见他还要进去，劝他歇会儿。

　　张思德说："我不累。我们得赶紧把炭窑挖成，好多出几窑炭。现在革命需要炭，领导和同志们需要炭，多出一窑，就是为抗战多作一份贡献！"说着，又钻进了窑里。

　　张思德用小镢刨窑壁、窑顶，王玉森、石仓用锨将刨下来的土扔到窑外。山风传来秋雨打在山林树叶上发出的清晰的响声。几个人在窑洞里紧张而有序地干着，不时地交谈着。

　　"你们听过毛主席的报告吗？"

"听过！"

"我们收完庄稼，烧好炭，回枣园又能见到毛主席啦！"

"是啊！"

"要是见到毛主席也烤上我们烧的炭火，那该多高兴！"

几个人一边干活，一边拉话，虽然非常累，却感到非常愉快。

雨渐渐停了下来。快到中午时分，一眼炭窑就要挖成了。为了保证质量，张思德拿着小镢头开始修整窑面，突然，窑顶上"啪啪"掉下几片碎土。原来因为土质松软，再加上雨水不断地渗透，造成了塌方。

"快出去，有危险！"张思德大喊一声，用力将两个战友向外推出。可是已经晚了，"轰隆"一声两米多厚的窑顶坍塌下来，几个人都被埋在里面……

感悟

　　工作时张思德总是冲锋在前，自己尽力多干一些活，让同伴少干一些活；下雨时张思德主动给别人送去雨具，自己却冒雨前行；危险来临时张思德先将同伴推出危险区域，自己却遭受灭顶之灾。张思德先人后己，时刻心中想着别人，非常值得我们学习。

毛泽东的三条指示

毛泽东马上说："不行。你赶快报告你的上级。"随即他又给了三条指示：第一，把人给抬回来，身上洗干净，穿上新衣服；第二，搞一口好棺木……

张思德是警卫队的人，他经常在毛主席住地的哨位上站岗。警卫队住的地方离主席住的地方也很近，有时毛主席在外面散步来到警卫队住地，看见张思德或其他同志在那里写墙报，他会看上一会儿，有时也会纠正文章中的错误或错字。所以，毛主席对警卫队里的人员都比较熟悉。

炭窑塌方后，警卫队队长古远兴立即来到毛主席的窑洞报告。毛泽东正在写东西，他看了古远兴一眼问："队长有事情？"

古远兴说："有个情况要向您汇报，我们派去烧木炭的三个同志，因为炭窑塌了，把他们给埋在里面了。"

毛泽东听后立即放下笔，眼睛瞪着说："赶快组织人抢救，把人挖出来呀！"

古远兴说："现在正在挖。"

毛泽东听后点了一根烟，坐在那里静静地默想事情，古远兴不得不退了出来。

半个小时后，前面的情况报了过来：挖出来两个，石仓被埋得浅，第一个被挖出来。王玉森第二个被挖出来。张思德在炭窑最下面挖排水道，埋得最深，现在仍在往下挖寻找他。

一个小时后前面的情况又报了过来：张思德被挖出来了，是在窑里的最底层，他坐在那里，手里拿着一把镐，镐把顶在他的胸前，人已经不行了。

古远兴又一次来到毛泽东的窑洞报告情况。看见古远兴，毛泽东迫不及待地问："怎么样，人抢救出来没有？"

古远兴说："窑上面埋的两个抢救出来了，人没有什么问题。张思德同志埋在最底下，挖出来后已经不行了。"

毛泽东听后站了起来说："还能不能抢救过来呀？"

古远兴说："恐怕不行了，挖出来的时候，他坐在地上，一个镐把顶在他胸口上，一动他就从嘴里出血，看样子从上面砸下来的土和杵在胸上的镐把把内脏弄破了。"

毛泽东在窑洞里来回走着，忽然停下来说："打仗死人是没有办法的事情，搞生产死人是不应该的。"

停了停，毛泽东又就张思德的遗体问题专门指示说："要派人放哨看好啦，山中狼多，要是被狼吃了，你这个队长就当不成了。"

古远兴说："好，我马上去布置。"

古远兴刚要出去，毛泽东又叫住他问："队长，他的后事，你怎么处理呀？"

那时在战争年代里，死人是很平常的事情。一个冲锋过去就倒下几个人。过雪山的时候，上山时人都还有说有笑，可是下山后，再一看，有许多人就不见了。

在战争年代，人牺牲后，最好的办法就是就地掩埋。所以古远兴想也没想，就说："就地掩埋。"

　　毛泽东听后生气地说："你敢！赶快派人，把人抬回来！"他停了一下，又问："你报告你的上级了吗？"

　　因为警卫队主要是负责毛泽东的警卫任务，位置离毛泽东住地比较近，离团部比较远，所以古远兴说："报告主席就行了吧！"

　　毛泽东马上说："不行。你赶快报告你的上级。"

　　随即，毛泽东又给了三条具体指示：

追悼会　为悼念死者而召开的会议。有些在死者遗体所在地举行，有些在殡仪馆或火葬地举行。追悼会会场的布置要求肃穆、庄严；追悼会开始后一般会奏哀乐；治丧机构负责人或代表致悼词、来宾发言；遗体告别时，需要绕死者遗体一周，并深鞠躬；来宾向死者家属表示安慰；重奏哀乐并将死者遗体送往火化或土葬，追悼会即告结束。在参加追悼会时，来宾应着素色服装，并送花圈和挽联。

　　第一，把人给抬回来，身上洗干净，穿上新衣服；第二，搞一口好棺木，把张思德的东西都装在里面；第三，要开个追悼会，他也要去参加。

　　最后，毛泽东还特别交代说，一定要把张思德喜欢的那双白球鞋，也要一起装进棺木里面。

　　古远兴马上回到团部，向团长报告了炭窑塌方和张思德牺牲的情况，又将毛泽东对后事处理的三条指示进行了汇报。

　　警卫团按照毛泽东的指示，把张思德的遗体抬了回来。洗干净后，又给他换上了一套新军装，安放在了棺木里面，他的东西也全都放在了里边。

　　噩耗传来，同志们万分悲痛，政治部张廷桢主任难过得连饭都吃不下去了。战士们都默默地去采集野花，编扎花圈。他们选择那些最好看的花，想尽一切办法把花圈搞得又大又好。战士们说："要用这种方式表达对亲密战友张思德同志的尊敬和怀念。"

感 悟

　　　　张思德被压在窑下面的时候，手里还拿着一把镐，可以说为革命事业献出了自己的一切。正是千千万万像张思德这样无私奉献的革命者，他们为了新中国，为了中华民族的伟大复兴，献出了自己的青春和热血。我们一定要珍惜这来之不易的幸福生活，努力学习，为国家和人民做出自己应有的贡献。

沉痛哀悼张思德同志

追悼会开始了，毛泽东神情庄重，脚步缓慢，拿起自己赠送的花圈，轻轻地放到张思德遗像前，低头默哀。全场在悲痛的气氛中鸦雀无声……

1944年9月8日下午2时，中央警备团、中央社会部和中央办公厅的一千多人在延安枣园操场举行隆重的追悼会。

杨尚昆（1907年8月3日—1998年9月14日），号诚五，四川省潼南县双江镇人，伟大的无产阶级革命家、政治家、军事家，坚定的马克思主义者，党、国家和人民军队的卓越领导人。曾任中华人民共和国主席。他献身革命70余年，为中国人民的解放事业和建设事业贡献了毕生精力，为新时期改革开放和社会主义现代化建设事业作出了重大贡献。

祭台上高悬着"追悼张思德同志"的大字横幅，后壁党旗下挂着张思德的遗像，下面摆满了用五颜六色山花扎成的花圈。遗像旁边挂着毛泽东亲笔写的挽联，上面写着"向为人民利益而牺牲的张思德同志致敬"。

这是一个高规格的追悼会，中央机关与中央警卫团官兵千余人参加。党的最高领袖参加普通士兵的追悼会并讲话，是建党以来未曾有过的。

毛泽东在杨尚昆等人陪同下来了，他神情庄重，脚步缓慢，拿起自己赠送的花圈，轻轻地放到张思德遗像前，低头默哀。中央警卫团团长吴烈宣布追悼大会开始，毛泽东与大家起立，向张思德遗像鞠躬、静默后，警卫团政治处主任张廷桢致悼词。

致悼词毕，毛泽东走上祭台，以沉痛的语调，开始了即席悼念讲话。全场在悲痛的气氛中鸦雀无声。毛泽东站在土台上，操着浓重的湖南口音，打着手势，即兴发表了《为人民服务》这篇著名的演讲。

毛泽东说：

我们的共产党和共产党所领导的八路军、新四军，是革命的队伍。我们这个队伍完全是为着解放人民的，是彻底地为人民的利益工作的。张思德同志就是我们这个队伍中的一个同志。

人总是要死的，但死的意义有不同。中国古时候有个文学家叫作司马迁的说过：人固有一死，或重于泰山，或轻于鸿毛。为人民利益而死，就比泰山还重；替法西斯卖力，替剥削人民和压迫人民的人去死，就比鸿毛还轻。张思德同志是为人民利益而死的，他的死是比泰山还要重的。

因为我们是为人民服务的，所以，我们只要有缺点，就不怕别人批评指出。不管是什么人，谁向我们指出都行。只要你说得对，我们就改正。你说的办法对人民有好处，我们就照你的办。"精兵简政"这一条意见，就是党外人士李鼎铭先生提出来的，他提得好，对人民有好处，我们就采用了。只要我们为人民的利益坚持好的，为人民的利益改正错的，我们这个队伍就一定会兴旺起来。

李鼎铭 （1881—1947）

原名丰功，陕西米脂人。1941年夏，以无党派人士身份，先后当选米脂县参议会议长、陕甘宁边区参议会副议长、边区政府副主席。同年，在边区参议会二届会上提出"精兵简政"议案，受大多数议员尤其是毛泽东的大力支持。

我们都是来自五湖四海，为了一个共同的革命目标，走到一起来了。我们还要和全国大多数人民走这一条路。我们今天已经领导着有九千一百万人口的根据地，但是还不够，还要更大些，才能取得全民族的解放。我们的同志在困难的时候，要看到成绩，要看到光明，要提高我们的勇气。中国人民正在受难，我们有责任解救他们，我们要努力奋斗。要奋斗就会有牺牲，死人的事是经常发生的。但是我们想到人民的利益，想到大多数人民的痛苦，我们为人民而死，就是死得其所。不过，我们应当尽量地减少那些不必要的牺牲。我们的干部要关心每一个战士，一切革命队伍的人都要互相关心，互相爱护，互相帮助。

今后我们的队伍里，不管死了谁，不管是炊事员，是战士，只要他是做过一些有益的工作的，我们都要给他送葬，开追悼会。这要成为一个制度。这个方法也要介绍到老百姓那里去。村上的人死了，开个追悼会。用这样的方法，寄托我们的哀思，使整个人民团结起来。

毛泽东在演讲中高度赞扬了张思德完全、彻底为人民服务的崇高思想境界和革命精神。会后，秘书将毛泽东在张思德追悼会上讲话的记

录稿作整理后，送毛主席审核。毛泽东阅后，挥毫书写了"为人民服务"五个苍劲有力的大字作为标题。

1944年9月21日，延安《解放日报》头版，全文刊载了毛泽东的《为人民服务》。从此，"为人民服务"的声音传遍了延安，传遍了陕甘宁边区，传遍了全国各解放区战场。张思德成了"为人民服务"的代名词，成了一种全新世界观的

《解放日报》 最早创刊于1941年中国共产党的延安时期，是中国共产党早期的政治理论刊物。初期的《解放日报》对世界反法西斯斗争的报道做出了自己独特的贡献，对我国敌后抗日游击战和敌占区人民群众的英勇斗争以及陕甘宁边区的建设成就都进行了大量报道，对敌伪的暴行和国民党的反共阴谋也进行了揭露。建国后，成为中国上海解放日报报业集团出版的一份日报，是中共上海市委的机关报。

纪念碑。

　　此后，警备团为了部队的思想建设，把《为人民服务》作为传统教育中的重要内容，教育部队对党中央和领袖的无限忠诚，树立全心全意为人民服务的宗旨。

　　这些后来人们非常熟悉而又熟记的论述，传遍了千家万户。尤其是"为人民利益而死就比泰山还重"这一句，更随着张思德事迹的传扬而闻名遐迩，并且成为共产党人的价值追求，《为人民服务》也成为每个共产党员和要求政治进步人们的必读文章。

　　　　"为人民服务"是党的根本宗旨。党之所以能够带领全国人民取得革命胜利、打败日本帝国主义和蒋介石反动集团，之所以能够取得社会主义建设的伟大成就，在一穷二白的基础上建设崭新的社会主义国家，就是因为党代表了人民的利益和愿望，得到了人民的拥护和支持。张思德在工作中不幸遇难，是为人民而死，值得我们深切怀念。

寻找英雄的母亲

听到问儿子的名字，刘光友大娘轻轻叹息说："大号叫个张思德，小名叫个谷娃子。咳，死去都快三十年喽！"

当初，张思德参军离开家乡后，刘光友和韩家湾的乡亲们因为很长时间没有得到他的消息，就以为他在战斗中牺牲了。但他们做梦也没有想到，毛泽东会专门指示为他们的谷娃子召开了一个隆重的追悼会，并且在会上发表了著名的文章《为人民服务》！

当的养母刘光友知道张思德的消息时，已经是1962年了，离他牺牲近二十年。那个时候，中国正处于"三年自然灾害"最困难的时期，发展生产、休养生息成了全国人民的头等大事。

这一年，仪陇县召开了一个养牛模范大会。会上有一位头发花白、个子矮小，但说起话来很有精气神的老大娘，引起了主持会议的县民政科科长文斌的注意。

文斌弓下腰问："大娘，你这么大年纪，还把牛养得这么好，那

"三年自然灾害" 又称"三年困难时期"，是指从1959年至1961年期间，由于"大跃进"和人民公社化运动中的严重"左"倾错误，加上农田连续几年遭受大面积自然灾害，导致全国出现粮食和副食品短缺危机，粮、油和蔬菜、副食品等极度缺乏，严重危害了人民群众的健康和生命，使新中国面临建国以来最严重的经济困难。

准定有儿子帮衬喽？"

听到这些，刘光友大娘掉下了眼泪，说："啥子儿子呵，我儿子当红军走了，早死了，连个音信也不得！"说着，她那缠着黑帕子的头也低了下去。

文斌是一位老红军，和张思德同一年即1933年当的兵。枪林弹雨中出生入死几十年后，他转业回到了地方，后来调到仪陇县当了县民政科科长。

听了刘光友大娘这番话后，文斌的脑子突然一激灵，仿佛感到有什么事情要发生，忙问："大娘，你儿子叫啥名字？"

刘光友大娘轻轻叹息说："大号叫个张思德，小名叫个谷娃子。咳，死去都快三十年喽！"

烈属　革命烈士家属的简称，包括烈士的父母、配偶、子女和未满16周岁的弟妹以及抚养烈士成长的其他亲属。根据《革命烈士褒扬条例》的规定，对烈士家属由民政部颁发《革命烈士证明书》。烈士可按国家有关规定享受抚恤待遇。无论是战争年代，还是和平时期，烈士的英勇壮举既来源于正义事业的召唤，也来源于烈士家庭的长期培育与潜移默化。关心烈属既是肯定烈属，更是纪念、激励、弘扬烈士精神。

刘光友老人这么一说，让文斌万分高兴。他没想到，他多年来苦苦寻找的张思德的亲人却在这个时候找到了。

在延安时，文斌的好多战友都知道他是张思德的同乡，但问他张思德的家到底在哪个乡哪个村，他也说不上来。

临转业时，组织上专门交代文斌，回去后打听张思德的老家在哪儿，家里还有什么亲人。可是因为仪陇是老区，当年参加红军的人很多，牺牲的人也很多，又没有具体地址，再加上那时是灾荒岁月，查找工作也就耽搁下来。眼前这碰上门的有名有姓的线索顿时让他万分激动。

文斌立刻向县委做了汇报，以便尽快落实优抚政策，让刘光友大娘享受应有的烈属待遇，使她安度晚年。

而令文斌始料未及的是，马鞍场一位红军家属听说县里正在寻找张思德的家人，也赶紧找到

> **川剧** 俗称川戏，是融汇高腔、昆曲、胡琴、弹戏和四川民间灯戏五种声腔艺术而成的传统剧种。流行于四川东中部、重庆及贵州、云南部分地区。川剧脸谱，是川剧表演艺术中重要的组成部分，是历代川剧艺人共同创造并传承下来的艺术瑰宝。川剧中最有名的技巧为变脸，它有拭、揉、抹、吹、画、戴、憋、扯这几种方法。2006年5月20日，川剧经国务院批准列入第一批国家级非物质文化遗产名录。

了县里，说她儿子名字叫张四德，也是1933年参军的。

"张思德"和"张四德"，三个字中，只有中间的一个字音同字不同。这位红军家属说："那准定是我儿子在队伍上改的，我儿子在家时，就常说要常思众人之德。"这位老人说得也在理啊！

由于当时没有一幅张思德的照片可以进行对照，县里对此事也是一筹莫展。

山重水复疑无路，柳暗花明又一村。就在此后一年多，时任仪陇县川剧团的编剧肖向成对毛泽东在《为人民服务》中表彰过的张思德产生了浓厚的兴趣。他四处收集资料，准备写一个反映红军在仪陇的川剧剧本。

中央档案馆 是中共中央和国务院直属档案馆，是新中国成立后建立的第一个规模较大的档案馆，馆址在北京西郊。1955年中共中央和国务院决定筹建此馆，1959年建成。该馆的主要任务是收集、保管中共中央和国家中央机关具有永久保存价值的重要档案及解放前中共中央机关的革命历史档案，对馆藏档案进行整理、研究、宣传和向社会各界提供资料，为中共中央和国务院的各项工作服务，对研究和宣传中国共产党的历史和中国革命的历史具有重要意义。

肖向成得知毛泽东在为追悼张思德所作的讲演中提到张思德是仪陇人，就特别用心地翻阅了《毛泽东选集》第三卷中的那篇不朽文章《为人民服务》。

肖向成发现在注释中除了有"1944年9月5日张思德在陕北安塞山中烧炭，因炭窑崩塌而牺牲"的语句外，没有涉及张思德的出生籍贯，这就使他收集资料的工作遇到了困难。

出于对艺术的执着和对宣传英雄人物的使命感，肖向成下决心要弄个水落石出。

肖向成想，张思德的名字既然写入了毛主席著作，那么在中央档案馆兴许会保存这方面的资料，可以从中找到有关线索。于是，他试着向中央档案馆写了一封信，说明了自己的身份以及查找张思德资料的意图，恳请中央档案馆给予帮助。

令肖向成喜出望外的是，这封信发出不到四个月，他便收到了中央档案馆的回函，信中还夹寄了两张当时延安《解放日报》的报照。

一张是召开张思德追悼会的消息报道，一张是毛主席讲话的全文。肖向成终于在新闻报道中发现了"张思德同志是四川仪陇县六合场人"的语句。

　　同时，中央档案馆给肖向成的信里还附有一张照片。这是张思德生前留下的唯一一张照片。

　　由于日久年深，照片颜色发黄，但张思德当年的容貌神态依然清晰可辨。照片上的张思德正从炭窑里探出一个脑袋，咧着嘴憨厚地笑着，手里抱着一捆刚刚出窑的木炭。

　　凭着新闻报道中的这句话和这幅照片，肖向成马上打点行装去六合场乡，了解张思德的身世和家人情况。

　　在六合场乡，肖向成依靠县里的帮助找到了刘光友大娘和张思德当年居住过的两间破茅草房，并详细听刘光友含泪讲述了张思德出生年月、过继经过和少年时代的情形。

　　刘光友大娘作为张思德妈妈的身份就这样被最终确定下来了。随后，四川省和仪陇县的报纸纷纷刊登了找到张思德故居、找到张妈妈的消息。

1969年9月初，在纪念张思德牺牲暨（jì）毛泽东主席《为人民服务》发表25周年时，刘光友大娘来到警卫一师看望了张思德生前的领导和战友们。毛泽东主席曾两次接见了张思德的母亲，并把她老人家接到中南海小住，对她养育出这么优秀的儿子表示赞扬和感谢。

感　悟

　　　　无论是战争年代，还是和平时期，烈士的英勇壮举既来源于正义事业的召唤，也来源于烈士家庭的长期培育与潜移默化的影响。

　　　　关心烈属既是肯定烈属，更是纪念、激励、弘扬烈士精神。因此，我们在日常的学习生活中也要将关心烈属、缅怀先烈意识内化于心，外化于行，自觉以各种形式为烈属送温暖献爱心。

读书笔记

一、故事背景

1935年10月，中央红军经过二万五千里长征，到达陕甘革命根据地。从此，以毛泽东为代表的党中央在这里战斗和生活了13年。延安和陕甘宁边区成为中国人民抗日战争的领导中心、解放战争的总后方、万众瞩目的革命圣地。

陕北冬季漫长，寒冷难耐，当时窑洞取暖只有靠木炭。每年从十月到次年三月，共计约半年时间里，大家都需要在窑洞里用木炭生火取暖。因此，烧炭就成了当时许多同志的任务。

1944年，抗日战争进入到第七个年头。这年春天，张思德已经在毛主席身边站岗10个月。这时，中共中央决定于1945年4月召开第七次全国代表大会，大会的后勤保障提前进行，其中的一项，是储备大批木炭，供700多个代表在会议期间的燃料之用。

二、主要情节

1. 张思德出生在四川省仪陇县一个穷苦农民家庭。不到7个月，妈妈就去世了。婶母刘光友收养了他。小思德6岁就下地干活，割草、挖野菜、拣蘑菇、采松果，什么都干。

2. 红四方面军解放了仪陇县，张思德第一个报名参加了少先队，成为乡里首任少先队队长。他积极帮助红军筹粮筹款，受到乡苏维埃的嘉奖。

3. 加入红军后，在县独立团二营当通讯员，在瓦子寨战斗中立功一次。后来，进入列宁小学学习文化和军事技能，毕业后被调到省军区指挥部的政治部当交通员。

4. 不久，加入了共产主义青年团，后来又当了特务连的班长。在红军中，他作战机智勇敢，曾在一次战斗中创造一人夺得两挺机枪的战绩，先后多次负伤。

5. 随红四方面军参加了长征。长征途中，为了战胜饥饿，走出草地，完成北上抗日的任务，组织发出了"尝百草"的号召。张思德在"尝百草"的活动中总是抢在前头。

6. 到达陕北后，入云阳荣誉军人学校学习和养伤。抗日战争爆发后，张思德所在部队在开赴前线前留下老弱病残，编成了一个警卫连。张思德因有伤病也被编入警卫连，任副班长，负责云阳镇八路军留守处和荣誉军人学校的警卫。

7. 加入了共产党。从此，更加严格地要求自己，一切服从党和人民的利益，党叫干啥就干好啥。1938年春，张思德调任云阳八路军一一五师留守处警卫连一排三班班长。他处处以身作则，给战士们做榜样。战士十分佩服他，支持他的工作。

8. 1940年春，调中央军委警卫营任通信班长。那时，没有交通工具，全靠战士两条腿跑，甚至连雨衣、雨布都没有，条件十分艰苦。而张思德却十分乐意挑起这副重担，完成得非常出色。工作中，他总是承担困难、艰苦的工作。在他的带领下，全班战士出色地完成了各项任务。

9. 1942年11月，部队合并整编，干部精简下派，一些连排干部要去当班长，多数班长、副班长要当战士。张思德调中央警备团一连当战士，他愉快地服从组织分配。

10．被调到延安枣园，在毛泽东等中共中央领导工作的地方执行警卫任务。他把全部心血都倾注在警卫工作中，为了保证毛泽东等中央领导有个好的工作和生活环境，他经常主动为驻地打扫卫生、铺石垫路、修补窑洞，兢兢业业地做好每一项工作。他还经常帮助战友补洗衣服、编草鞋、喂战马、挑水烧火、采药防病、站岗放哨，带头帮助驻地群众生产劳动，干好每一件革命工作。

三、故事高潮

1944年初，张思德响应中共中央大生产运动的号召，主动报名参加中央机关组织的生产小分队，到离延安70多里的安塞县生产农场，被选为农场副队长。

中央为筹备第七次全国代表大会，决定组建一个烧炭小队完成此项任务。烧炭要有一定的经验，火大了木头就烧成灰了；提前撤火，木炭就是生的，用这样的木炭就像烧木头一样，屋子里全是烟。

那时会烧木炭、打窑的人不多，张思德烧炭是很有经验的，他打的炭窑和烟道很好用，也就保证了烧出炭的质量。警卫队就派张思德等同志到陕北安塞去烧炭。他处处起模范带头作用，不怕苦、不怕累，哪里最苦最累，他就出现在哪里，每到出炭时总是最先钻进窑中作业。

四、故事结局

1944年9月5日，天空下着雨，张思德带着突击队的战友们照常进山赶挖新窑。中午时分，炭窑在雨中发生崩塌。危急时刻，张思德一把将战友往窑口推，自己却被埋在坍塌的土里，战友最终得救了，张思德却献出了年仅29岁的生命。9月8日，中央直属机关和中央警备团1000多人，在延安枣园沟口的操场上举行张思德追悼会。毛泽东亲自参加追悼会，献了花圈，亲笔题写"向为人民利益而牺牲的张思德同志致敬"的挽词，并发表悼念讲话，对张思德全心全意为人民服务的革命精神和境界给予了高度赞扬。

五、我的看法

　　革命的成功，需要有人在敌人的残暴统治下英勇抗争，需要有人在枪林弹雨中冒死冲锋。同时，也需要有人在平凡的岗位上默默奉献。张思德就是这样一个无私的奉献者。张思德同志是一名平凡的战士，历经平凡的人生，却成为了时代的楷模，成就了伟大的精神。一个平凡的名字从此与一个政党、一支军队紧紧连在一起，提升了整个中华民族的精神高度！

读后感

张思德，人如其名，用自己短暂的一生诠释了做人的品德。无论是在幼年时期还是在参加革命后，无论是在生产一线还是在战斗时刻，无论是担任通信班长还是负责警卫工作，他都始终不忘党的培养，不忘人民的养育，以革命工作为荣，以帮助别人为乐，赢得了上下广泛称赞。

"为人民服务"五个光耀千秋的大字，是毛泽东同志对张思德的思想道德、理想追求和奋斗足迹的充分肯定和高度概括。张思德用行动履行了"为了人民，为了革命，要敢于献出自己的一切"的承诺；用生命实践了"不怕困难，不怕牺牲"的入党誓言。

在追悼大会上，毛泽东同志亲笔写了"向为人民利益而牺牲的张思德同志致敬"的挽词，发表了《为人民服务》演讲，高度赞扬张思德为人民利益的牺牲"重于泰山"，既是对张思德为人民谋利益勇于牺牲精神的充分肯定，又是对共产党人生死观的高度概括。

务实为民是为人民服务的基本内容。张思德是个老兵，不少和他同时入伍的战友，后来都担任了领导职务，但他始终是普通一兵，始终坚守平凡岗位，长年累月，默默无闻，兢兢业业，不计较个人得失，甘做人民的"孺子牛"，将个人利益融入党和人民利益之中。

张思德当过战斗员，当过炊事员，在军委警卫营与中央教导大队合编为中央警卫团时，又由班长变成了战士。岗位的变换、职位的升降丝毫没有影响他为人民服务的热情，用他自己的话来说："当班长是革命的需要，当战士也是革命的需要。"

服从革命的需要，就是个人利益对党和人民根本利益的服从。平凡彰显伟大，十个空想家抵不上一个实干家。为人民服务，要的是脚踏实地的行动，靠的是点点滴滴的实干。

艰苦奋斗是为人民服务的基本要求。共产党人要为民谋利，不能与民争利；要吃苦耐劳，不能贪图享乐。在工作和生活中张思德都保持了中华民族勤俭节约、艰苦奋斗的传统美德。他从不贪图享乐，单衣和袜子都打满了补丁，却把每月的津贴积攒起来，用于帮助解决他人困难。

张思德长期在毛泽东等中央领导身边工作，但从无非分之想，总是吃苦耐劳，努力工作，直至牺牲。他的行为是共产党人艰苦奋斗精神的真实写照，我们党正是因为有千千万万像张思德这样的人艰苦奋斗，中国革命、建设和改革事业才取得了伟大的成就。

张思德这种为人民利益而勇于牺牲、为人民利益而任劳任怨、为人民利益而艰苦奋斗的精神，是中华民族的民族之魂，也是实现中华民族伟大复兴，实现中国梦的强大精神动力。

今天，我们正走在实现中华民族伟大复兴的新的长征路上，新时代赋予我们新的伟大使命，我们必须传承和弘扬好张思德精神这一传家宝，为中国的改革和发展事业提供精神动力。

传承与弘扬以全心全意为人民服务为核心的张思德精神，是我们的神圣职责与使命，也必将为中国共产党永远保持先进性和青春活力、为中华民族伟大复兴的中国梦注入强大的精神动力。